# 딥러닝 데이터 전처리 입문

# 딥러닝 데이터 전처리 입문

## 파이썬과 R로 배우는 데이터 다루기

**앨런 비소첵** 지음

**김창엽 · 강병호** 옮김

Packt>　　에이콘

# | 지은이 소개 |

**앨런 비소첵**Allan Visochek

코네티컷 주 뉴 헤이븐에서 활동하고 있는 프리랜서 웹 개발자이자 데이터 분석가며, 업무 외적으로 머신 러닝과 인공지능에 관심이 많다.

지식을 가르치고 공유하기를 즐긴다. 유다시티Udacity의 데이터 분석 나노 학위Nanodegree 프로그램을 수료한 후, 유다시티에서 수개월간 포럼 멘토 및 프로젝트 검수자로 활동하면서 데이터 분석 프로젝트를 수행하는 학생들에게 도움을 줬다. learntoprogram.tv에 기술 자료를 기고하기도 한다.

**아드리아누 롱고**<sup>Adriano Longo</sup>

프리랜서 데이터 분석가로, 네덜란드에 소재한 Neo4j가 내놓은 관계지향 데이터 모델의 열렬한 추종자다.

Cyper, R, 파이썬<sup>Python</sup>, SQL을 사용해 데이터를 쿼리하고 처리하며 모델링하는 전문가로, UEA의 기후 연구 부서에서 근무했었다. 현재는 민간 부문의 분석 솔루션 연구에 집중하고 있다.

현재는 환경과 금융 규제를 혼란에 빠뜨릴 수 있는 악의적인 행위자의 연관 관계를 Neo4j와 linkurious.js를 사용해 추적하고 있으며, 그래프 탐색을 이용해 이와 같은 숨겨진 비밀이 드러나게 하는 일을 수행하고 있다.

# | 옮긴이 소개 |

**김창엽**(czangyeob@gmail.com)

데이터 분석과 머신 러닝에 관심이 많아 현재 고려대학교 산업경영공학과 데이터 사이언스 및 비즈니스 어낼리틱스DSBA 연구실에서 박사 과정을 밟고 있다. 이전에는 안랩에서 9년간 근무하며 악성코드 대응 및 침해 사고 분석 업무를 수행했다. 에이콘출판사에서 펴낸 『텐서플로 入門』(2016), 『리눅스 바이너리 분석』(2016), 『모의 해킹을 위한 메타스플로잇』(2014), 『케라스로 구현하는 딥러닝과 강화학습』(2017) 등을 번역했다.

**강병호**(byeongho.kang@yahoo.com)

한양대학교 공과대학 컴퓨터공학부 및 동 대학원 컴퓨터·소프트웨어학과를 졸업했으며, 현재 한국전자통신연구원ETRI에 근무하고 있다. 관심 분야는 컴퓨터 보안과 머신 러닝이다.

## | 옮긴이의 말 |

알파고 이후로 제4차 산업혁명, 인공지능 등의 키워드와 마찬가지로 머신 러닝이라는 용어도 많은 회사와 대중에게 더욱 친숙해지고 있습니다. 하지만 많은 관심을 받고 있는 머신 러닝 분야에서 데이터 전처리의 중요성은 상대적으로 강조되지 못하는 분위기입니다.

데이터에 맞는 머신 러닝 알고리즘과 적절한 파라미터를 선택하는 것만큼 데이터 전처리 과정 또한 매우 중요합니다. 양질의 데이터를 통해 좋은 결과를 만들어낼 수 있으므로, 올바른 데이터 전처리는 필수라 해도 과언이 아닙니다. 데이터 전처리는 꽤 노동집약적인 작업으로, 데이터 분석가 역시 전처리 작업에 많은 시간을 할애하고 있습니다.

머신 러닝 알고리즘과 도구를 소개하는 책은 다양하지만, 전처리 과정을 쉽게 접할 수 있도록 소개하는 책은 드뭅니다.

이 책에서는 먼저 데이터를 처리하는 방법을 알아보고 가장 널리 사용되는 파이썬을 사용해 JSON, CSV, XML 파일을 처리하는 방법을 살펴봅니다. 다음으로 실무에 매우 유용한 정규 표현식에 대해 알아보고 수치 데이터 분석에 유리한 R과 RStudio에 대해서도 배웁니다. 또한 데이터 수집을 위한 웹 크롤링과 대용량 데이터 처리를 위한 MongoDB에 대해서도 간단히 다룹니다. 이 책을 통해 머신 러닝을 위한 데이터 전처리 학습에 도움을 얻길 바랍니다.

마지막으로 여러 책을 공역하면서 새로운 것을 함께 배우고 나누는 공역자 강병호, 예비 신부 효정이, 부모님, 그리고 에이콘출판사 관계자 분들께 감사드립니다. 배움의 기회를 주신 고려대학교 산업경영공학과 강필성 교수님께 다시 한 번 감사드립니다. 그리고 무지한 질문에도 항상 친절하게 답변해주는 데이터 사이언스 및 비즈니스 어낼리틱스 연구실 동료들에게도 항상 고맙다고 전하고 싶습니다. 이 책이 머신 러닝에 처음 입문하는 분들에게 조금이나마 보탬이 됐으면 하는 바람입니다.

# | 차례 |

## | 들어가며 |

최종 사용자용으로 가공되지 않은 데이터가 있다. 프로젝트별로 데이터의 개수가 너무 많거나, 너무 적거나, 누락돼 있거나, 잘못돼 있거나, 또는 구조화되지 않거나 부적절한 형태로 구성돼 있을 수 있다. 이 책은 사용 가능한 데이터를 모으고 출력 데이터를 구성하는 방법을 다룬다. 각 장에서는 데이터 다루기에 대한 새로운 접근법을 보여주기 위해 하나 이상의 예시를 사용한다.

## ▌ 이 책에서 다루는 내용

**1장. 데이터 프로그래밍**  데이터 처리 방법을 논의하고 이 책에서 다루는 내용을 개괄한다.

**섹션 1. 데이터를 다루는 일반적인 프로그래밍 방법**

**2장. 파이썬 프로그래밍 소개**  이 책에서 가장 많이 사용하는 프로그래밍 언어인 파이썬을 소개한다.

**3장. 데이터 입력, 탐색, 수정: 1부**  데이터를 처리하는 방법과 JSON 데이터 형식을 소개한다.

**4장. 데이터 입력, 탐색, 수정: 2부**  CSV와 XML 데이터 형식을 다룬다.

**5장. 텍스트 데이터 처리: 정규 표현식 소개**  정규 표현식을 이용해 주소로부터 도로명을 추출해본다.

**섹션 2: 정형 데이터 처리**

**6장. 수치 데이터 정리: R과 RStudio 소개**  R을 소개하고 RStudio를 이용해 수치 데이터를 정리하는 방법을 소개한다.

**7장. dplyr을 이용한 데이터 처리 간소화**  데이터를 강력하면서도 간단하게 다룰 수 있는 R의 dplyr 패키지를 소개한다.

**섹션 3: 고급 데이터 입출력 방법**

**8장. 웹에서 데이터 수집하기**  파이썬 API를 이용해 웹에서 데이터를 추출하는 방법을 다룬다.

**9장. 대용량 데이터 처리**  대용량 데이터 처리 시 발생할 수 있는 문제점을 논의하고 MongoDB를 이용해 대용량 데이터를 처리해본다.

## ▌ 준비 사항

파이썬 3가 컴퓨터에 설치돼 있어야 하며, 운영체제의 명령 프롬프트를 통해 파이썬을 사용할 수 있어야 한다. 또한 몇 가지 파이썬 외부 모듈이 필요하다.

- pandas(4장과 5장에서 사용)
- requests(8장에서 사용)
- pymongo(9장에서 사용)

9장에서는 MongoDB를 사용하기 때문에 MongoDB를 컴퓨터에 로컬 서버로 설치할 수 있어야 한다.

6장과 7장에서는 RStudio와 R 베이스를 사용하며, 7장에서는 dplyr과 tibble 라이브러리를 사용한다.

## ▌ 이 책의 대상 독자

데이터를 분석해보고 싶은 데이터 과학자, 데이터 분석가, 통계학자에게 유용한 책이다. R과 파이썬을 모두 다루기 때문에 큰 도움이 될 것이다.

## ❚ 편집 규약

이 책에서는 독자의 이해를 돕고자 다루는 정보에 따라 글꼴 스타일을 다르게 적용했다. 이러한 스타일의 예와 의미는 다음과 같다.

텍스트에서 코드 단어는 다음과 같이 표기한다. "다음 줄의 코드는 링크를 읽어 open 함수에 할당한다."

코드 블록은 다음과 같이 표기한다.

```
fin = open('data/fake_weather_data.csv','r',newline='')
reader = csv.reader(fin)
for row in reader:
    myData.append(row)
```

코드 블록에서 유의해야 할 부분이 있다면 다음과 같이 굵은 글꼴로 표기한다.

```
new_scf_data = []
for old_entry in scf_data["issues"]:
    new_entry={}
```

명령행 입력이나 출력은 다음과 같이 표기한다.

```
$ mongoimport --file fake_weather_data.csv
```

화면상에 표시되는 메뉴나 버튼은 다음과 같이 표기한다. "새 모듈을 다운로드하기 위해 Files ❯ Settings ❯ Project Name ❯ Project Interpreter로 이동한다."

 경고나 중요한 노트는 이와 같이 나타낸다.

**팁과 요령은 이와 같이 나타낸다.**

## 독자 의견

독자로부터의 피드백은 항상 환영이다. 이 책에 대해 무엇이 좋았는지 또는 좋지 않았는지 소감을 알려주길 바란다. 독자 피드백은 앞으로 더 좋은 책을 발행하는 데 큰 도움이 된다. 일반적인 피드백을 우리에게 보낼 때는 간단하게 feedback@packtpub.com으로 이메일을 보내면 되고, 메시지의 제목에 책 이름을 적으면 된다.

여러분이 전문 지식을 가진 주제가 있고, 책을 내거나 책을 만드는 데 기여하고 싶다면 www.packtpub.com/authors에서 저자 가이드를 참조하길 바란다.

## 고객 지원

팩트출판사의 구매자가 된 독자에게 도움이 되는 몇 가지를 제공하고자 한다.

### 예제 코드 다운로드

이 책에 사용된 예제 코드는 http://www.packtpub.com의 계정을 통해 다운로드할 수 있다. 다른 곳에서 구매한 경우에는 http://www.packtpub.com/support를 방문해 등록하면 파일을 이메일로 직접 받을 수 있다.

코드를 다운로드하려면 다음과 같이 한다.

1. 팩트출판사 웹사이트(http://www.packtpub.com)에서 이메일 주소와 암호를 이용

해 로그인하거나 계정을 등록한다.

2. 맨 위에 있는 SUPPORT 탭으로 마우스 포인터를 이동한다.

3. Code Downloads & Errata 항목을 클릭한다.

4. Search 입력란에 책 이름을 입력한다.

5. 코드 파일을 다운로드하려는 책을 선택한다.

6. 드롭다운 메뉴에서 이 책을 구매한 위치를 선택한다.

7. Code Download 항목을 클릭한다.

파일을 다운로드한 후에는 다음과 같은 압축 프로그램을 이용해 파일의 압축을 해제한다.

- 윈도우: WinRAR, 7-Zip

- 맥: Zipeg, iZip, UnRarX

- 리눅스: 7-Zip, PeaZip

이 책의 코드 묶음은 깃허브 https://github.com/PacktPublishing/Practical-Data-Wrangling에서도 받을 수 있으며, https://github.com/PacktPublishing/에서는 다른 책들의 코드 묶음과 동영상들을 제공한다. 또한 에이콘출판사의 도서정보 페이지인 http://www.acornpub.co.kr/book/practical-data-wrangling에서도 예제 코드를 다운로드할 수 있다.

## 컬러 이미지 다운로드

이 책에서 사용된 스크린샷/다이어그램의 컬러 이미지를 PDF 파일로 제공한다. 컬러 이미지는 출력 결과의 변화를 이해하는 데 큰 도움이 될 것이다. https://www.packtpub.com/sites/default/files/downloads/PracticalDataWrangling_ColorImages.pdf와 에이콘출판사의 도서정보 페이지인 http://www.acornpub.co.kr/book/practical-data-wrangling에서 컬러 이미지를 다운로드할 수 있다.

## 정오표

내용을 정확하게 전달하기 위해 최선을 다했지만, 실수가 있을 수 있다. 팩트출판사의 도서에서 문장이든 코드든 간에 문제를 발견해서 알려준다면 매우 감사하게 생각할 것이다. 그런 참여를 통해 그 밖의 독자에게 도움을 주고, 다음 버전의 도서를 더 완성도 높게 만들 수 있다. 오탈자를 발견한다면 http://www.packtpub.com/submit-errata를 방문해 책을 선택하고, 구체적인 내용을 입력해주길 바란다. 보내준 오류 내용이 확인되면 웹사이트에 그 내용이 올라가거나 해당 서적의 정오표 부분에 그 내용이 추가될 것이다. http://www.packtpub.com/support에서 해당 도서명을 선택하면 기존 정오표를 확인할 수 있다. 한국어판은 에이콘출판사 도서정보 페이지 http://www.acornpub.co.kr/book/practical-data-wrangling에서 찾아볼 수 있다.

## 저작권 침해

인터넷에서의 저작권 침해는 모든 매체에서 벌어지고 있는 심각한 문제다. 팩트출판사에서는 저작권과 사용권 문제를 아주 심각하게 인식한다. 어떤 형태로든 팩트출판사 서적의 불법 복제물을 인터넷에서 발견한다면 적절한 조치를 취할 수 있도록 해당 주소나 사이트명을 알려주길 부탁한다.

의심되는 불법 복제물의 링크는 copyright@packtpub.com으로 보내주길 바란다. 저자와 더 좋은 책을 위한 팩트출판사의 노력을 배려하는 마음에 깊은 감사의 뜻을 전한다.

## 질문

이 책과 관련해 질문이 있다면 questions@packtpub.com으로 문의하길 바란다. 최선을 다해 질문에 답하겠다. 한국어판에 관한 질문은 이 책의 옮긴이나 에이콘출판사 편집 팀(editor@acornpub.co.kr)으로 문의해주길 바란다.

# 01

# 데이터 프로그래밍

최종 사용자에게 데이터를 제공하려면 많은 시간과 노력이 필요하다. 게임에서 이번 달의 최고 점수를 게시하는 온라인 게임 사이트를 예로 들어보자. 이 데이터를 가공하려면 개발자는 모든 사용자의 점수 데이터를 보관할 수 있도록 데이터베이스를 구성해야 한다. 월간 최고 점수를 표시하기 위해 데이터베이스에서 점수를 탐색하는 시스템 또한 필요하다.

예시로 든 게임 사이트의 사용자로부터 이번 달의 최고 점수를 계산하는 방법은 매우 간단하다. 높은 점수를 계산하는 방법은 매우 직관적이기 때문이다. 많은 사용자들은 최고 점수와 같이 특정한 형식의 데이터를 월간 데이터와 같은 특정한 형태로 요구하기 때문에, 월별 최고 점수 연산 시스템과 같이 특정한 목적을 가진 시스템의 개발이 필요해진다.

예시로 든 게임 사이트 사용자와는 달리, 데이터 프로그래머가 다루는 데이터는 매우 특수한 형태일 수 있다. 정치적인 성향이 강한 데이터 저널리스트는 몇 년간의 정부 지출 추세를 시각화하려고 할 수도 있다. 의료 업계에 근무하는 머신 러닝 엔지니어는 내원 환자가 병원에 재방문할 가능성을 연산하는 알고리즘을 개발하려 할 수 있다. 교육위원회에서 일하는 통계학자는 출석률과 시험 성적 간의 상관관계를 조사하고자 할 수 있다. 예시로 든 게임 사이트의 데이터 분석가는 하루 중 시간에 따른 점수 분포가 어떻게 변하는지 조사하려고 할 수도 있다.

**용어 훑어보기**

데이터 과학(data science)은 모든 것을 포괄하는 용어이므로 이해하기 어려울 수 있다. 데이터 과학자(data scientist)라는 용어도 새로운 분야이기 때문에 누구에게 물어보느냐에 따라 정의가 달라질 수 있다. 이 책에서는 좀 더 일반적인 단어인 데이터 프로그래머라는 용어를 사용하며, 데이터 처리 작업이 유용하다는 것을 알게 될 사람을 말한다.

데이터에서 통찰력을 얻으려면 필요한 모든 정보를 함께 작업할 수 있는 형태로 구성해야 한다. 데이터를 생성하는 기관(예: 정부, 학교, 병원 등)이 내놓는 데이터만으로는 데이터 프로그래머가 사용할 수 있는 정확한 정보를 생산해내기 어렵다. 가능한 시나리오의 수가 너무 많아서 가치 있게 사용할 방법을 찾기 어려워서다. 데이터는 일반적으로 원시 형태raw format로 제공된다. 원시 형태 데이터 자체로도 유용한 경우가 있지만, 대부분의 경우 사용하기에 적합하지 않다. 원시 데이터를 그대로 사용하기 어려운 몇 가지 이유를 들어보면 다음과 같다.

- 데이터를 얻어내기 위해 추가 작업이 필요할 수 있다.
- 필요한 정보가 여러 종류의 출처에 산재돼 있을 수 있다.
- 데이터셋이 너무 커서 원본 형식으로 작업하기 어려울 수 있다.
- 요구하는 정보보다 훨씬 많은 정보 또는 필드가 데이터셋에 포함돼 있을 수 있다.
- 데이터셋의 맞춤법 오류, 누락된 필드, 혼재된 형식, 잘못된 항목, 이상치[1] 등이

---

1 아웃라이어(outlier)라고도 한다. – 옮긴이

존재할 수 있다.

- 데이터셋이 응용프로그램과 호환되지 않는 형식으로 작성돼 있을 수 있다.

이러한 이유로 인해, 데이터 프로그래머는 다음과 같은 작업을 수행한다.

- 데이터 취득: 필요한 데이터의 탐색 및 수집
- 데이터 병합: 여러 출처로부터 데이터 병합
- 데이터 정리: 데이터 항목의 잘못된 부분 수정
- 데이터 형식화: 필요한 데이터만 추출해 적절한 구조로 구성
- 데이터 저장: 추후 사용을 위해 적절한 형식으로 저장

이러한 관점은 데이터 처리가 얼마나 중요한지 알 수 있도록 한다. 데이터 처리 작업은 종종 데이터 프로그래머가 과장해서 표현하는 듯한 작업으로 보여질 때도 있지만, 데이터로부터 통찰력을 끌어내기 위해서는 필수적인 절차다. 이 책은 다양한 기술, 일반적인 도구 및 데이터 처리에 관한 모범적인 예시를 소개한다. 다음 절에서는 데이터 처리와 관련된 작업을 살펴보고, 책의 나머지 부분에 대해 조망해본다. 다음의 단계를 자세히 다루기 위해 각각의 예시를 살펴보자.

- 데이터 수집
- 데이터 정리
- 데이터의 병합과 형식화
- 데이터 저장

이 책에서 데이터 처리를 설명하기 위해 사용하는 파이썬과 R을 간략히 살펴보자.

# ▌ 데이터 처리의 이해

데이터 처리에 대해 간략히 소개하자면, 원시 형식으로 데이터를 모으고 목적에 맞는 최종 형식으로 데이터를 구성하는 절차라 할 수 있다. 최종 형식으로 데이터를 준비하는 절차는 다양하고도 정확한 유스 케이스<sup>use case</sup>를 분석하는 작업이라 할 수 있다. 이 과정은 정확히 규정하기 어려우므로 데이터 처리에 필요한 절차를 구조화하기도 어렵다. 하지만 데이터 처리 과정에는 몇 가지 공통 단계가 있다. 이 책에서는 각 장마다 데이터 처리의 다양한 접근법과 관련된 여러 도구를 설명하고, 접근법과 도구에 대한 실습을 진행할 수 있도록 하나 이상의 예제를 다룬다.

## 데이터의 수집과 읽어오기

첫 번째는 데이터셋을 수집해 열어보는 단계다. 데이터셋을 수집하는 가장 간단한 방법은 데이터 파일을 찾아보는 것으로, 파이썬과 R을 이용해 파일에 저장된 데이터를 열고, 읽고, 수정하고, 저장하는 데 사용한다. 3장, '데이터 읽기, 탐색, 수정: 1부'에서는 JSON 데이터 형식을 소개하고, 파이썬을 사용해 JSON 데이터를 읽고 쓰고 수정하는 방법을 설명한다. 4장, '데이터 입력, 탐색, 수정: 2부'에서는 파이썬을 사용해 CSV 및 XML 형식의 데이터 파일을 사용하는 방법을 설명한다. 6장, '수치 데이터 정리: R과 RStudio 소개'에서는 R과 RStudio를 설명하고, R을 이용해 데이터를 읽고 처리하는 방법을 알아본다.

대용량 데이터 소스는 종종 API(애플리케이션 프로그래밍 인터페이스)라고 하는 웹 인터페이스를 통해 제공한다. API를 사용하면 대용량 데이터셋으로부터 특정한 데이터를 탐색할 수 있다. 웹 API는 수집하기 어려운 데이터를 사용하기 위한 훌륭한 자원이 될 수 있다. 8장, '웹에서 데이터 수집하기'에서는 API에 대해 자세히 설명하고 파이썬을 활용해 API를 이용한 데이터 추출을 직접 해보자.

데이터베이스 또한 하나의 데이터 소스가 될 수 있다. 이 책에서는 데이터베이스 사용에 대해 자세히 다루지 않겠지만, 9장, '대용량 데이터 처리'에서 몇몇 데이터베이스의 사용법을 파이썬을 통해 다뤄본다.

 데이터베이스는 데이터를 빠르게 가져오기 위해 최적화돼 있다. 데이터베이스는 대용량 데이터셋을 다룰 때 특히 유용할 수 있으며, 데이터 소스로도 사용할 수 있다.

## 데이터 정리

데이터를 다루는 과정에서 사람들의 실수, 항목의 누락, 이상치 값 등을 종종 마주치게 된다. 이러한 유형의 오류는 일반적으로 데이터셋을 구성하기 위해 수정되거나 제거돼야 한다.

5장, '텍스트 데이터 처리: 정규 표현식 소개'에서는 텍스트 데이터의 패턴을 식별, 추출, 수정하는 정규 표현식 사용 방법을 설명한다. 또한 정규 표현식을 이용해 주소로부터 도로명을 추출하는 예시도 다룬다.

6장, '수치 데이터 정리: R과 RStudio 소개'에서는 수치 데이터 정리를 위해 RStudio를 사용해서 이상치 탐지<sup>outlier detection</sup>와 NA(결측치) 처리 방법을 설명한다.

## 데이터 형성 및 구조화

최종 사용을 위한 데이터 처리는 종종 올바른 형태로 데이터를 구성하는 절차와 구조화 절차를 필요로 한다.

그림 01과 같이 도시의 인구에 대한 계층 데이터셋이 존재한다고 하자.

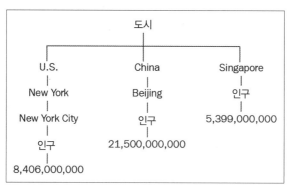

**그림 01 도시별 인구 계층 구조**

위와 같은 데이터 형식으로는 도시의 인구 히스토그램을 작성하기 어렵다. 도시 인구 정보가 데이터 구조 내에 여러 겹으로 중첩돼 있기 때문이다. 히스토그램을 작성하기 위해서는 그림 02와 같이 데이터를 숫자 목록으로 표시하는 것이 유용하다.

**[ 8406000000 , 21500000000 , 5399000000 ]**

**그림 02 히스토그램 시각화를 위한 인구 목록**

이러한 구조 변경을 대용량 데이터셋에 적용하려면 원본 데이터를 추출해 다른 형식으로 변환하는 프로그램을 작성해야 한다. 데이터 형성 작업은 데이터를 의도된 용도와 호환될 수 있도록 변환하는 작업이며 매우 중요하다. 4장, '데이터 입력, 탐색, 수정: 2부'에서는 데이터 형식을 변환하는 방법을 다룬다.

데이터 형식을 변경할 때 반드시 데이터셋의 구조를 바꿔야 하는 것은 아니다. 데이터셋에 항목별 필터를 적용하고, 범주를 나눠 데이터를 줄이고, 행$^{row}$의 순서를 바꾸고, 열$^{column}$의 구성을 변경하는 과정 또한 데이터 형식 변경이라 할 수 있다.

앞서 언급한 모든 작업은 R의 패키지인 dplyr이 제공하는 기능이다. 7장, 'dplyr을 이용한 데이터 처리 간소화'에서 dplyr을 사용해 데이터를 직관적으로 쉽게 조작하는 방법을 설명한다.

### 데이터 저장

데이터셋 구성의 마지막 단계는 나중에 데이터를 사용할 수 있도록 데이터를 저장하는 것이다. 데이터를 정적 파일에 저장하는 방법이 가장 쉽다. 3장, '데이터 입력, 탐색, 수정: 1부'와 4장, '데이터 입력, 탐색, 수정: 2부'에서는 파이썬으로 정적 데이터 파일을 생성한다. 6장, '수치 데이터 정리: R과 RStudio 소개'에서는 R에서 정적 데이터 파일을 생성하는 방법을 설명한다.

대용량 데이터셋을 다룰 때 많은 양의 데이터를 신속하게 저장하고 탐색할 수 있는 시스템을 갖추면 유용하게 사용할 수 있다.

데이터 소스를 추가로 획득하는 작업과 함께, 이렇게 획득한 데이터를 데이터베이스를 활용해 로컬에 저장하면 좀 더 편리한 작업이 가능하다. 9장, '대용량 데이터 처리'에서는 데이터베이스를 이용해 데이터를 저장하는 방법을 살펴본다.


## ▌ 데이터 처리 도구

데이터 처리에 가장 많이 사용되는 언어는 파이썬과 R이다. 이 장의 나머지 부분에서는 파이썬과 R을 소개하고 각각의 차이점을 설명한다.


### 파이썬

파이썬은 웹 개발(Django, Flask)에서부터 게임 개발, 과학 및 산술 연산에 이르기까지 다양한 분야에서 사용하는 범용 프로그래밍 언어다. 이에 대해 더 자세한 내용을 원한다면 http://python.org/about/apps/를 참고하길 바란다.

파이썬은 단순함, 가독성, 모듈성을 강조하기 때문에 데이터 처리와 같은 과학 연산에서 매우 유용하다.

이러한 장점은 화면에 Hello World!를 출력하는 Hello World 프로그램을 파이썬으로 구현해보면 곧바로 확인할 수 있다.

```
print("Hello World!")
```

널리 사용되는 프로그래밍 언어인 자바를 이용해서 같은 결과를 얻어내려면 좀 더 길게 써야 한다.

```
System.out.println("Hello World!")
```

이 예제에서는 큰 차이가 없어 보일 수도 있지만, 문서를 찾아보고 고민하는 데 더 많은 시간이 걸릴수록 데이터 처리에도 더 많은 시간이 소요된다는 점을 염두에 두자.

또한 파이썬은 데이터를 처리하기에 좀 더 유연한 데이터 구조를 내장하고 있다.

 데이터 구조(자료 구조, 자료형)는 프로그램에서 데이터를 쉽게 다룰 수 있도록 추상화해둔 개념이다. 2장, '파이썬 프로그래밍 소개'에서 파이썬과 R의 다양한 데이터 구조를 살펴보자.

원시 데이터에 가까운 수준의 데이터를 다룰수록 파이썬의 사용 편의성은 상대적으로 높아진다.

과학 분야에서는 파이썬의 모듈 구조와 대중성에 힘입어 다양한 패키지가 개발돼 있고 데이터 처리 과정에서 매우 유용하게 사용할 수 있다.

 패키지/모듈/라이브러리는 일반적으로 사용자와 오픈소스 커뮤니티에 의해 작성된 언어 또는 코드로, 프로그래밍 언어에서 기본으로 제공되지 않는 기능을 추가한다. 이와 같이 개발된 언어를 프로그램에 추가해서 사용할 수 있다. 이 책에서는 R과 파이썬의 모듈을 이용해 데이터를 추출하고, 읽고, 정리하고, 구성하고, 저장한다.

## R

R은 프로그래밍 언어이면서도 통계 연산에 특화된 환경이라고 할 수 있다. 좀 더 자세한 설명은 R 웹사이트 r-project.org/about.html에서 확인해보길 바란다.

> '환경'이라는 단어는 [R]을 나타내는 데 적합한 단어로, 완벽하게 계획된 일관적인 시스템이라는 특징을 의미한다. 이와 대조적으로, 다른 종류의 데이터 분석 도구는 종종 작은 범위를 다루고 유연하지 않은 도구를 덧붙여나가는 형태로 구성돼 있다.

즉 R과 파이썬의 주요 차이점 중 하나는 데이터 작업(데이터의 처리 및 저장, 시각화, 통계 연산 등) 중 일부가 내장돼 있는지 여부에 있다. 예를 들어 R에는 선형 모델링 기법을 이용한 수치 모델 구성 통계 처리가 내장돼 있다.

R에는 선형 모델링 기법이 내장돼 있으며 매우 직관적이고 간결한 구성을 나타낸다. 이에 관해서는 5장, '텍스트 데이터 처리: 정규 표현식 소개'에서 다룬다. 파이썬에서 선형 모델링을 다루기 위한 방법은 다양하지만, 모두 외부 라이브러리를 요구하기 때문에 사용법을 배우는 추가 작업이 필요하다.

R에서는 표로 구성된 데이터를 좀 더 직관적으로 다룰 수 있는 데이터프레임이라는 데이터 구조를 기본적으로 제공한다.

두 언어 모두 장단점과 트레이드오프가 있다는 점이 중요하며, 작업에 적합한 도구를 사용하면 데이터 처리 과정에서 소요되는 시간을 줄일 수 있다. 따라서 각 언어에 대해 잘 알아두고 어떤 언어를 사용할지 선택하는 과정은 데이터 프로그래머의 중요한 역할이라 할 수 있다.

## ▍ 요약

이 장에서는 책의 목적과 주제를 소개하면서 프로그래밍 언어에 대한 전반적인 내용을 다뤘다. 원시 데이터는 최종 사용 목적에 알맞게 구성된 경우가 매우 드물기 때문에 데이터를 잘 처리하는 방법이 매우 중요하다. 데이터 처리는 데이터의 수집, 읽기, 정리, 병합, 형성, 저장 작업을 포함한다. 이 책에서는 데이터 처리를 위해 R과 파이썬 프로그래밍 언어를 사용한다.

다음 장에서는 파이썬 프로그래밍을 설명한다. 이 책에서 사용할 파이썬 언어의 기본적인 프로그래밍 방법과 기능을 다루므로, 파이썬에 익숙한 사람이라면 다음 장을 읽지 않고 넘어가거나 훑어보기만 해도 된다.

3장, '데이터 입력, 탐색, 수정: 1부'와 4장, '데이터 입력, 탐색, 수정: 2부'에서는 데이터 처리 방법의 일반론을 다루며, 파이썬 프로그래밍을 통해 데이터를 어떻게 읽고 쓰고 조작하는지 설명한다.

# 02

# 파이썬 프로그래밍 소개

프로그래밍은 일반적이지 않은 문제를 해결할 수 있는 사용자 정의 도구를 만들 수 있는 데이터 조작을 위한 강력한 도구다. 이 책의 많은 내용에서 파이썬 프로그래밍 언어를 사용할 것이므로, 이 장에서는 파이썬 프로그래밍에 대해 간략히 소개한다. 이를 위해 다음 내용을 다룬다.

- 외부 리소스
- 이번 장 살펴보기
- 파이썬에서 프로그램 실행
- 데이터 유형, 변수, 파이썬 셸
- 복합문
- 프로그램에서 주석 달기

- 프로그래머 리소스

파이썬에 익숙하거나 일반적인 프로그래밍 원리를 잘 알고 있다면 이 장을 건너뛰어도 좋다.

## 외부 리소스

모든 것을 이 책에 다 포함시킬 수 없으며 일부 자료는 변경될 수 있다. 나는 이 책을 저술하기 위해 다음을 포함해 인터넷에 공개된 많은 자료를 활용했다.

- 설치 지침 및 가이드라인
- 이 장의 예제에서 사용할 데이터셋
- 이 장의 예제에서 사용할 코드
- 문서 링크, 추가 정보, 그 외 유용한 리소스

외부 리소스는 공유 구글 드라이브 폴더 https://goo.gl/8S58ra에서 확인할 수 있다.

## 이번 장 살펴보기

각 장의 개요와 다룰 프로젝트, 설치 요구 사항, 프로젝트의 파일시스템 설정, 그 외 유용한 세부 정보로 시작한다. 이런 개요 절에서는 각 장을 시작할 수 있도록 도와줄 것이다.

이 장에서는 hello_world.py라는 하나의 파이썬 프로그램을 작성한다. 이 장의 초반부에서는 파이썬 프로그램을 만드는 단계를 다루겠다.

또한 파이썬 명령을 실행하기 위해 터미널이라 불리는 인터페이스도 소개한다. 터미널을 사용해 몇 가지 기본 프로그래밍 개념을 보여주겠다.

완성된 파이썬 프로그램과 모든 터미널 명령을 포함하는 프로그램은 외부 리소스의 코드 폴더 https://goo.gl/8S58ra에서 확인할 수 있다.

## 설치 요구 사항

이 장에서는 다음과 같은 사항이 필요하다.

- 깃허브<sup>GitHub</sup>에서 만든 오픈소스 텍스트 에디터인 아톰<sup>Atom</sup>
- 파이썬 3 최신 버전

설치 지침에 대한 링크와 가이드라인은 외부 리소스의 '설치<sup>Installation</sup>' 문서에서 확인할 수 있다. https://goo.gl/8S58ra에서 '설치' 문서를 선택하라. 아톰과 파이썬 3 설치 링크는 '설치' 문서의 3장 제목 아래에 있다.

## 다른 학습 리소스

외부 리소스에 있는 '링크 및 추가 읽기<sup>Links and Further Reading</sup>'에는 파이썬을 배울 수 있는 추가 리소스가 있다. 몇 가지는 여기서 다루는 것보다 더 많은 실습을 포함하고 있으며 더 자세하다. 파이썬에는 훌륭한 튜토리얼이 많이 있기 때문에 기초를 익히기 위해 다른 것을 살펴보기로 결정했다면 염두에 둬야 할 몇 가지 사항이 있다.

- 이 책의 코드는 파이썬 2가 아니라 파이썬 3로 작성됐다. 파이썬 2와 파이썬 3는 크게 다르지 않다. 하지만 파이썬 2를 먼저 배운다면 몇 가지 작은 차이점을 알아야 한다.
- 이 책의 내용을 실습해보려면 컴퓨터에 파이썬이 설치돼 있어야 하며 컴퓨터로 코드를 작성하고 실행하는 것에 익숙해져야 한다. 많은 온라인 튜토리얼 중에는 브라우저에서 실습해볼 수 있는 대화식 환경을 제공하는 것이 있다. 이런 튜토리얼에서는 각자의 컴퓨터에 코드를 작성하고 실행하는 과정을 다루지 않는다.

## 파이썬 2와 파이썬 3의 차이점

이 책을 저술하는 시점에서는 파이썬 2와 파이썬 3가 모두 활발히 사용된다. 파이썬 2는 여전히 많은 튜토리얼에서 가르치고 있으며, 파이썬에 대한 많은 포럼과 블로그 포스트는 파이썬 2를 사용한다. 이런 점들이 초보자가 어떤 버전을 먼저 배워야 할지 결정하는 것을 혼란스럽게 만든다. 파이썬 3의 적용이 상대적으로 더디게 확산된 탓에 파이썬 2가 계획보다 오래 유지된 점이 혼란의 주된 이유다. 하지만 파이썬 2는 2020년 이후로는 더 이상 유지되지 않을 예정이다. 즉, 파이썬을 개발하는 코어 팀은 더 이상 파이썬 2를 업데이트하지 않는다.

파이썬 2가 점점 없어지고 있기 때문에 이 책에서는 파이썬 3를 사용할 것이다. 다양한 의견들이 있지만 파이썬 3는 많이 다르지 않다. 약간의 문법적 차이나 기능적 차이가 있지만, 파이썬 2를 사용해야 한다면 쉽게 배울 수 있다(이런 차이점에 대한 참고 자료 링크를 일부 포함했다).

## ▌ 파이썬에서 프로그램 실행

프로그래밍 언어는 컴퓨터에게 보낼 명령을 표현하는 문법 규칙들의 집합이다. 이런 명령들은 컴퓨터 프로그램으로 작성된다. 즉, 컴퓨터 프로그램은 코드들의 집합이고 컴퓨터 파일시스템에 있는 정적 파일에 저장된다.

이 절에서는 Hello World!라는 단어를 출력하는 간단한 프로그램을 만들 것이다. 이 실습을 통해 파이썬으로 프로그램을 만들고 실행하는 과정을 소개한다.

## 텍스트 편집기를 사용해 프로그램 작성 및 관리

다른 실습들과 마찬가지로 프로그래밍에는 여러 도구 집합이 필요하다.

첫 번째는 텍스트 편집기다. 프로그래밍용 텍스트 편집기는 텍스트에 서식을 적용하고 사용자가 특정 파일 확장명으로 저장하도록 제한하는 일반적인 워드 프로세서와 다르다. 프로그램을 제대로 실행하려면 원시raw 형식으로 저장해야 한다. 윈도우에서는 메모장을 사용해, 리눅스에서는 gedit와 같은 일반 텍스트 편집기를 사용해 이 작업을 할 수 있다. 하지만 전문적인 텍스트 편집기를 사용해 프로그래밍해야 하는 몇 가지 이유가 있다.

- 코드와 데이터는 여러 디렉터리에 분산되는 경향이 있으므로 이를 잘 정리하는 것은 프로그래밍의 중요한 부분이다. 전문 텍스트 편집기는 일반적으로 특정 디렉터리의 파일을 열고 닫고 이동하고 이름을 바꿀 수 있는 인터페이스를 갖고 있다.
- 프로그램은 엄격한 문법을 갖기 때문에 프로그램을 탐색하고, 읽고, 작성하기가 어려울 뿐만 아니라 문법을 강조해줄 수 있는 기능이 없으면 실수하기가 쉽다. 전문 텍스트 편집기는 프로그래밍 언어의 문법을 하이라이트해준다. 또한 흔히 일반적인 단어나 문법 요소를 채워주는 바로 가기를 제공한다.

### hello world 프로그램 작성

다음 단계를 따라 첫 번째 파이썬 프로그램을 만들어보자.

1. 파일시스템의 어딘가에 chapter2라는 빈 폴더를 만들자. chapter2 폴더를 만들었으면 아톰을 열고 File ❯ Add Project Folder를 선택해 파일 트리에 다음과 같이 프로젝트 폴더를 추가하자.

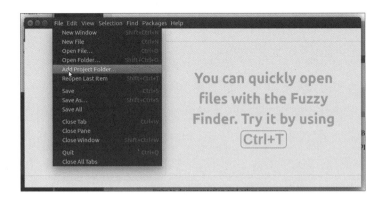

2. 방금 만든 chapter 2 폴더로 이동하고 **OK**를 클릭하자.

3. 보통 왼쪽 패널에 있는 파일 트리에서 chapter2 폴더를 확인할 수 있다. 트리가
   보이지 않는다면 **View ▶ Toggle Tree View**를 선택해 표시하도록 설정해야 할 수
   도 있다.

4. 파일 트리의 chapter2 폴더를 마우스 오른쪽 버튼으로 클릭하고 **New File**을 선택
   해 hello_world.py라는 새 파일을 만든다.

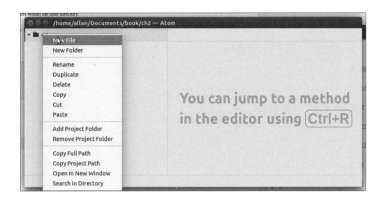

 일반적으로 파일 트리 패널을 인터페이스로 사용해 기본 디렉터리 내의 파일과 폴더를 생성, 삭제, 열기, 이동, 관리할 수 있다.

5.  파일 트리에서 파일을 클릭해 hello_world.py를 연다. 파일에 대한 빈 텍스트 편집 탭이 열린다. 다음 텍스트를 입력하자.

```python
print("Hello World!")
```

6.  마지막으로 File ➤ Save를 선택해 파일을 저장한다.

이것이 전부다! 드디어 파이썬으로 첫 번째 프로그램을 만들었다! 다음 단계는 프로그램을 실행하는 것이다.

## 터미널을 사용해 프로그램 실행

터미널은 사용자가 운영체제에 직접 명령어를 입력할 수 있게 해주는 인터페이스다. 터미널을 사용하면 방금 작성한 파이썬 프로그램을 실행할 수 있다. 터미널에서 프로그램을 실행할 때 터미널은 프로그램의 상태나 디버깅 메시지를 표시하기 때문에 매우 유용하다.

각 운영체제에는 자체 터미널이 있다. 시작하려면 운영체제의 터미널 프로그램을 연다. 대부분의 리눅스 배포판에서는 터미널이라 부르고, 윈도우에서는 명령 프롬프트Command Prompt라 하며, 맥 OS에서는 셸shell이라 한다. 많은 명령어들은 운영체제마다 다르다. 하지만 이 책에서 사용할 명령어는 운영체제에 상관없이 거의 동일하다. 왼쪽 상단 모서리에 다음과 같은 메시지가 표시된다.

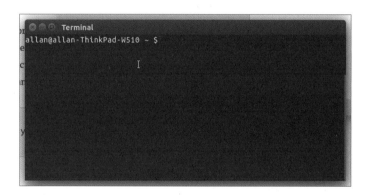

프로그램을 실행하기 위해 필요한 작업은 터미널에서 프로그램이 위치한 디렉터리로 이동하는 것이다. 터미널 명령은 컴퓨터 파일시스템의 특정 폴더 내에서 이뤄진다. 윈도우, 맥, 리눅스 모두 디렉터리 변경 명령을 나타내는 cd 명령을 사용해 작업 디렉터리를 변경한다. hello_world.py 파일이 들어있는 디렉터리로 변경하려면 다음 명령을 사용한다.

```
$ cd <relative/path/to/directory>
```

여기서 몇 가지 주목할 점이 있다.

터미널 명령이나 코드 줄에 꺾쇠 괄호가 있으면, 이는 시스템이나 설정에 따라 다른 값을 나타낸다. 〈relative/path/to/directory〉 대신에 프로그램(방금 작성한 hello_world.py 파일)이 위치한 폴더의 상대 경로를 입력해야 한다.

$ 기호는 명령이 터미널에 입력돼야 하며 명령의 나머지 부분과 같이 복사돼서는 안 됨을 나타낸다. 모든 터미널 프로그램이 프롬프트를 나타내기 위해 달러 기호를 사용하는 것은 아니므로 정확하게 일치하지 않더라도 걱정하지 말자.

디렉터리에 대한 상대 경로는 현재 디렉터리에서 대상 디렉터리로 이어지는 폴더의 정확한 순서를 나타낸다. 현재 디렉터리는 일반적으로 각 프롬프트의 앞부분에 표시된다. 현재 디렉터리가 프롬프트의 시작 부분에 표시되지 않으면 리눅스와 맥에서는 pwd 명령을 사용해 찾을 수 있다.

다음 명령은 현재 작업 디렉터리를 확인하기 위해 리눅스와 맥에서 사용된다.

```
$ pwd
```

다음은 윈도우에서 현재 작업 디렉터리를 확인하기 위해 사용하는 명령이다.

```
$ cd
```

상대 경로에서 이어지는 각 폴더를 리눅스와 맥에서는 슬래시(/)로 구분하고, 윈도우에서는 역슬래시(\)로 구분한다. 다음은 내 컴퓨터에서 현재 디렉터리를 확인하고 chapter2 폴더로 변경한 후 올바른 위치에 있는지 확인하는 예제다.

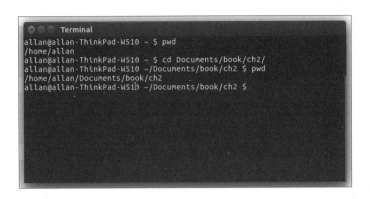

폴더를 한 번에 하나씩 변경해 점진적으로 이 작업을 수행하는 것이 더 쉬울 수도 있다.

실수로 잘못된 디렉터리로 이동한 경우에는 ..을 사용해 파일시스템에서 한 단계 상위의 디렉터리로 이동할 수 있다.

```
$ cd ..
```

이 명령은 작업 디렉터리를 이전 작업 디렉터리의 상위 폴더로 변경한다. 파일을 탐색하는 데 유용한 또 다른 명령어는 맥과 리눅스의 ls 명령어와 윈도우의 dir 명령어다. 이 명령은 현재 디렉터리의 모든 파일과 폴더를 나열한다.

맥과 리눅스에서는 다음 명령을 사용해 현재 디렉터리의 내용을 나열한다.

```
$ ls
```

윈도우에서 다음 명령은 현재 디렉터리의 내용을 나열하는 데 사용한다.

```
$ dir
```

## Hello World 프로그램 실행

다음 단계를 거쳐 터미널을 사용해서 프로그램을 실행하는 방법을 살펴본다.

1. 터미널 프로그램에서, 작업 디렉터리를 hello_world.py 프로그램이 위치한 디렉터리로 변경하자.

```
$ cd <relative/path/to/directory>
```

2. 운영체제에 따라 적절한 명령을 사용해 올바른 디렉터리로 이동했는지 확인하자. 올바른 디렉터리에 위치해 있는지 확인한 후 설정에 따라 다음 중 하나를 입력해 프로그램을 실행하자.

```
$ python hello_world.py
$ python3 hello_world.py
```

 일부 운영체제에는 파이썬 2 설치가 포함되고 일부의 경우 파이썬 3 설치가 python3로 포함된다. 기본으로 사용하는 파이썬 명령의 추가적인 변형이 있을 수 있다. 자세한 내용은 외부 리소스의 설치 지침을 참조하자.

3. 일단 프로그램을 실행하면 터미널에 Hello World라는 단어가 출력돼야 한다. 성공했다면 축하한다! 마침내 파이썬에서 첫 번째 프로그램을 성공적으로 실행했다.

```
⊗⊙⊙   Terminal
allan@allan-ThinkPad-W510 ~/Documents/book/ch2 $ python hello_world.py
Hello World!
allan@allan-ThinkPad-W510 ~/Documents/book/ch2 $
```

> **TIP** 이 화면은 내 컴퓨터에서 Hello World 프로그램을 실행한 결과다. 독자의 프로그램 실행 결과는 조금 다를 수 있으므로 프로그램을 실행할 때 참고로 사용하자.

## 동작하지 않으면 어떻게 해야 할까?

동작하지 않으면 어떻게 해야 할까? 할 수 있는 첫 번째 방법은 문법을 검사하고 무엇이 잘못됐는지 찾아보는 것이다. 과정을 다시 살펴보면서 실수한 부분을 확인하자. 책과 외부 리소스 모두에서 제공한 코드를 살펴볼 수 있지만, 이 코드에만 국한돼서는 안 된다. 프로그래머라면 인터넷이 가장 좋은 친구다. 오류 메시지가 나타난 경우, 오류 메시지를 검색해 해당 오류 메시지가 포럼 스레드에 있는지 확인할 수 있다. 누군가 이미 당신과 같은 문제를 겪었을 가능성이 있다. 문서와 온라인 포럼 사용을 다룬 이 장의 후반부에 있는 메모를 참고하자.

경험이 많아질수록 프로그램을 디버깅하는 작업은 더 쉬워지지만, 실수를 하는 것(결과적으로 오류가 발생함)은 경험을 쌓더라도 항상 프로그래밍의 중요한 부분이다. 특히 처음 프로그래밍을 배울 때는 발생한 문제를 찾아보는 과정에 익숙해지는 것이 매우 중요하다.

## ▌ 데이터 유형, 변수, 파이썬 셸

다음 몇 개 절에 걸쳐 파이썬 셸이라는 도구를 사용한다. 이 도구는 파이썬을 좀 더 편하게 사용할 수 있도록 도와준다. 파이썬 셸은 사용자가 파이썬 명령을 입력해 바로 실행할 수 있게 해주는 도구다. 이런 파이썬 셸은 파이썬으로 작성된 작은 코드나 새로운 기능을 빠르고 쉽게 테스트해볼 수 있는 좋은 곳이다.

 파이썬 셸에 입력한 코드를 저장하기 위한 쉬운 방법이 없으므로, 테스트용으로만 사용하는 것이 가장 좋다.

터미널에서 파이썬 셸을 실행할 수 있다. 이렇게 하려면 터미널을 열고 아무 디렉터리에서나 설정에 따라 다음 중 하나를 입력하자.

```
$ Python
$ python3
```

터미널 안에 다음과 같이 새로운 명령 프롬프트가 표시된다.

파이썬에서는 하나의 명령어를 단순 명령문이라 부른다. 지금은 각 하나의 코드 줄이 단순 명령문을 나타낸다. 파이썬 셸은 한 번에 한 줄의 코드를 받아들인다.

다음은 두 개의 숫자를 더하는 단순 명령문의 예제다.

---

```
>> 1+1
```

---

명령문의 시작 부분에 >>가 있다는 점에 주목하자. >> 기호는 코드 행이 파이썬 셸에 위치함을 나타낸다. >> 기호는 나머지 코드와 함께 복사하면 안 된다. 이 명령문을 셸에 입력하고 Enter 키를 눌러 명령문을 실행할 수 있다.

파이썬 셸은 사용자가 작성한 모든 명령문의 결과를 출력한다. 앞 명령문을 파이썬 셸에 작성하고 Enter 키를 누르면 출력 결과 2가 표시돼야 한다. 숫자 2는 파이썬 값의 한 예다. 값은 프로그래밍 언어에서 '명사'와 같다. + 표시는 연산자의 예다. 연산자는 프로그래밍 언어에서 '동사'와 비슷하며, 값을 어떻게 하고 싶다라는 것을 표현한다.

## 숫자: 정수와 실수

더 자세하게 살펴보면 숫자 2는 int 데이터 유형 또는 정수 값의 예다. 정수 값은 양수, 음수나 후행 소수점이 없는 0 값을 가질 수 있다. 실수 값은 끝에 오는 소수점이 있는 숫자다. float 값을 만들기 위해서는 1. 또는 1.5와 같이 숫자 뒤에 소수점을 쓰면 된다.

## 왜 정수인가?

처음에는 int와 float을 근본적으로 다른 데이터 유형으로 구별하는 것이 이상해 보일 수 있다. 구별하는 첫 번째 이유는 이 숫자들을 컴퓨터가 다른 방식으로 저장하기 때문이고, 두 번째 이유는 컴퓨터 프로그래밍 관점에서 프로그래밍 언어에 적합하게 둘 중 하나를 선택해야 하는 상황이 있기 때문이다. 예로 이 장 후반부에서 살펴볼 예제에서 float을 사용해 배열을 인덱싱하면 오류가 발생해 프로그램이 실행되지 않는다.

 파이썬 2를 사용한다면 인터프리터는 부동 소수점 대신 결과를 반올림하는 방식으로 산술 연산을 다르게 처리하기 때문에 예상치 못한 오류가 발생할 수 있다.

공학용 계산기에 기대하는 것과 동일한 규칙을 사용해 단순 명령문에 덧셈, 나눗셈, 곱셈을 할 수 있다. 연산 순서는 다음과 같다.

1. 괄호 안의 표현
2. 지수승
3. 나눗셈
4. 곱셈
5. 더하기와 빼기

다음 명령은 파이썬 연산의 몇 가지 예다.

```
>> 2 * 3
>> 4 + 5 / 6
>> (4 + 5) / 6
>> ( ( 1 * 2 ) / 3 / 4 ) + 5 - (6 / 5)
```

파이썬에서 지수승은 두 개의 연속 곱하기 ** 기호를 사용해 나타낸다. 파이썬에서 ^ 기호를 사용하지 않도록 조심하자. 다음은 파이썬 연산의 예다.

```
>> 3 ** 2
```

**묵시적 변환**

앞 연산에서 모두 정수를 사용했지만 때로는 결과로 실수 값을 산출한다는 사실을 알았을 수도 있다. 이는 파이썬 인터프리터가 연산 직전 값의 데이터 유형을 변경해 직관적인 결과를 얻을 수 있었기 때문이다. 이를 묵시적 변환이라 하며, 파이썬이 사용하기 쉽고 초보자에게 친숙해지도록 돕는다. 하지만 묵시적 변환이 항상 발생하는 것은 아니므로 프로그램 전반적으로 사용하는 데이터 유형을 추적하는 것이 중요하다.

## 문자열

문자열 데이터 형식의 값은 단순히 문자 집합이다. 앞서 작성한 hello world 프로그램, 즉 Hello World!에서 string 데이터 유형을 이미 살펴봤다. 파이썬에서 문자열 값은 문자열의 내용을 따옴표 안에 포함시켜 작성한다.

```
>> "your string here"
```

두 개 이상의 문자열은 + 연산자를 사용해 하나로 합칠 수 있다.

```
>> "string 1 " + "string 2"
```

 파이썬은 작은따옴표와 큰따옴표를 구별하지 않는다. 하지만 여는 따옴표와 닫는 따옴표는 동일해야 한다("This will not work').

5장, '텍스트 데이터 처리: 정규 표현식 소개'에서 문자열 조작에 대해 자세히 설명한다.

## 부울 데이터 형식

부울 데이터 형식에서는 True와 False라는 두 가지 값만 가능하다. 파이썬에서는 대문자 T나 F로 시작하는 True나 False를 써서 부울 값을 만들 수 있다.

```
>> True
>> False
```

부울 값은 비트 연산자를 사용해 결합할 수 있다.

- and 연산자는 왼쪽 값과 오른쪽 값이 모두 참인 경우 True를 반환한다.
- or 연산자는 왼쪽이나 오른쪽 항목 중 하나 이상이 True면 True를 반환한다.

다음은 비트 연산자를 사용하는 몇 가지 예다.

```
>> True and True
>> True and False
>> True or False
>> False or False
```

논리 연산자로 값을 비교해 다른 데이터 유형으로부터 부울 값을 생성할 수 있다.

- == 연산자는 양쪽의 값이 같은 경우 True를 반환한다.
- \> 연산자는 왼쪽 값이 오른쪽 값보다 큰 경우 True를 반환한다.
- < 연산자는 오른쪽 값이 왼쪽 값보다 큰 경우 True를 반환한다.

다음은 논리 연산자를 사용하는 몇 가지 예다.

```
>> 1 == 2
>> 1 == 1
>> 1 < 2
>> 1 < 0
>> 1 > 2
>> 2 > 1
>> "abc" == "abc"
>> "abc" == "cba"
```

부울 값은 컴퓨터 프로그램 내에서 의사 결정을 할 때 유용하며, if문을 이 장의 뒷부분에서 소개할 때 살펴본다. 특정 개인이 뉴욕에 살고 있는지, 아니면 거래가 완료됐는지와 같이 간단한 예/아니오 데이터 항목을 저장할 때도 좋다.


## print 함수

지금까지 파이썬 셸이 입력한 명령문의 결과를 자동으로 출력하는 것으로 간주해왔다. 하지만 파이썬 프로그램 내에서 특정 연산의 결과를 확인하려면 print( ) 함수를 사용해 명시적으로 출력해야 한다. print( ) 함수를 사용하려면 출력하고자 하는 값을 괄호 안에 입력한다.

다음은 print( ) 함수를 사용하는 몇 가지 예제다.

```
or example:>> print(0)
>> print(1+1)
>> print('abc')
```

```
>> print("abc" == "cba")
```

print 함수와 함께 사용하는 문법은 지금은 조금 헷갈릴 수 있지만, 나중에 이 장의 함수를 소개할 때 더 명확해질 것이다.

print( ) 함수를 유용하게 활용할 수 있는 두 영역이 있다. 첫 번째는 프로그램을 테스트하고 디버깅하는 것이다. 프로그램이 제대로 동작하는지 확인하거나 프로그램이 왜 제대로 동작하지 않는지 확인하기 위해 실행 중인 프로그램을 살펴볼 때 도움이 된다. 프로그램에서 어떤 일이 일어나고 있는지 조사하고자 하는 부분에 print( ) 함수를 넣으면 된다. 정말 간단한 예를 들면, 숫자를 출력하는 프로그램이 잘못된 숫자를 생성하는 경우 프로그램의 여러 단계에서 번호를 인쇄해 문제가 있는 부분을 확인할 수 있다.

print( ) 함수의 두 번째 활용법은 프로그램의 진행 정도나 상태를 추적하는 것이다. 대용량 데이터셋을 처리하는 데 시간이 정말 오래 걸릴 수 있으므로 프로그램의 진행 정도와 완료까지 걸릴 시간을 파악하면 도움이 된다. 예를 들어 행 단위로 큰 데이터셋을 처리할 때는 처리한 행 중 일부를 출력하는 것이 좋다.

## 변수

효과적으로 프로그램을 만들려면 여러 줄의 코드에서 접근하고 수정하는 값을 저장해야한다. 파이썬에서는 변수를 사용해 값을 저장한다. 변수는 프로그램에서 어떤 값을 나타내기 위해 만든 일련의 문자들이다. 변수를 만들려면 대입 연산자(=)를 사용한다. 대입 연산자는 값을 오른쪽에서 가져온 후 왼쪽의 변수명에 부여한다. 다음 명령문은 myVariable이라는 변수를 만들고 이를 출력한다.

```
>> myVariable = 1
>> print(myVariable)
```

변수를 만든 후에는 명령문에서 변수명을 사용하면 변수에 들어있는 값을 사용하는 것과 같다. 다음은 변수를 사용하는 명령문의 몇 가지 예다.

```
>> myVariable = 4
>> print(myVariable+2)
>> myVariable = "abc"+"cba"
>> print(myVariable+"abc")
>> myVariable = True
>> print(myVariable and True)
```

**동적 타이핑**
많은 언어에서 변수에 저장한 값은 변수를 만들 때 지정한 특정 데이터 유형을 따라야 한다. 하지만 파이썬은 그렇지 않다. 데이터 유형에 상관없이 아무 변수에나 저장할 수 있다. 이를 동적 타이핑이라고 한다.

변수에 저장한 값을 상대적으로 변경할 수도 있다. 이를 증가(덧셈의 경우) 또는 감소(뺄셈의 경우)라고도 한다.

```
>> myVariable = 0
>> myVariable = myVariable + 5
>> print(myVariable)
```

변수 자체 값에 덧셈, 뺄셈, 곱셈, 나눗셈을 할 때 줄여서 표기할 수 있다. 다음 예제는 변수 값 변경을 간결하게 표현할 수 있음을 보여준다. 먼저, 다음은 변수를 생성하고 변수를 0으로 설정하는 예제다.

```
>> myVariable = 0
```

## 변수 덧셈

변수를 증가시키려면 다음과 같이 += 기호를 사용한다.

```
>> myVariable += 5.
>> print(myVariable)
```

myVariable의 값은 이제 5가 된다.

## 변수 뺄셈

변수를 감소시키려면 다음과 같이 -= 기호를 사용한다.

```
>> myVariable -= 2.
>> print(myVariable)
```

myVariable의 값은 이제 3이 된다.

## 변수 곱셈

변수에 곱셈을 하려면 다음과 같이 *= 기호를 사용한다.

```
>> myVariable *= 6.
>> print(myVariable)
```

myVariable의 값은 이제 18이 된다.

## 변수 나눗셈

변수에 나눗셈을 하려면 다음과 같이 /= 기호를 사용한다.

```
>> myVariable /= 3.
>> print(myVariable)
```

myVariable의 값은 이제 6이 된다.


## 변수 명명법

변수에 올바른 이름을 사용하는 것은 중요하며, 변수를 올바르게 명명하기 위한 관습과 문법적인 규칙이 있다. 변수는 한 단어여야 하고, 문자나 밑줄로 시작하며, 나머지 문자는 모두 문자, 숫자, 밑줄로 구성돼야 한다. 이 규칙을 따르지 않으면 프로그램에서 오류가 발생한다.

변수명을 선택할 때 고려해야 할 두 가지 모범 사례가 있다. 첫째, 변수명은 프로그램에서의 기능을 반영해야 한다. 이렇게 하면 프로그램의 기능을 쉽게 추적할 수 있다. 둘째, 변수명이 여러 단어로 구성된 경우 읽기 쉽도록 카멜케이스나 스네이크케이스를 사용해 구분한다.[1]

카멜케이스의 경우 첫 번째 단어는 소문자로 시작하고 다음 단어는 대문자로 시작한다. 스네이크케이스는 각 단어가 소문자며 밑줄로 구분된다. 프로그램마다 둘 중 하나를 사용하는 것이 가장 좋으며, 특히 여러 사람이 같은 프로젝트에서 작업하는 경우 어려워질 수 있다.

변수는 효과적인 표현 수단을 만드는 중요한 요소다. 데이터를 저장하고 레이블을 지정하면 쉽게 참조하고 추적할 수 있으며 더 복잡한 연산을 수행할 수도 있다. 이 장의 후반부에서 복합 구문을 다룰 때 더 명확해질 것이다.

---

1 카멜케이스는 camelCase처럼 새로운 단어가 나올 때마다 대문자를 쓰는 방식이며, 스네이크케이스는 snake_case처럼 단어와 단어 사이를 밑줄 등으로 이어주는 방식이다. – 옮긴이

## 배열(파이썬에서의 리스트)

배열은 순서를 갖는 값의 집합이며, 배열의 각 항목은 요소라 한다. 파이썬에서는 배열에 무한 개의 요소들을 가질 수 있다. 파이썬은 배열을 구현하기 위해 리스트라는 특별한 이름을 가지며, 파이썬 안에서 두 단어는 같은 것을 가리킨다.

다음 문법을 사용해 배열을 만들 수 있다.

```
<arrayName>=[<element1>,<element2>,<element3>,...]
```

대괄호 안에 배열의 각 요소를 쉼표로 구분해 나열한다.

```
>> myArray = ["foo","bar","sup?","yo!"]
>> print(myArray)
```

배열의 요소는 배열의 상대 위치나 인덱스를 통해 접근할 수 있다. 배열 요소에 접근하려면 다음 문법을 사용한다.

```
>> <arrayName>[<index>]
```

예제는 다음과 같다.

```
>> print(myArray[0])
>> thirdElement = myArray[2]
>> print(thirdElement)
```

배열 세 번째 요소의 인덱스는 3이 아니라 2인 것을 알 수 있다. 이것은 파이썬과 다른 많은 언어에서 인덱스가 0부터 시작하기 때문이다. 이것은 처음 배울 때 다소 혼란스러울 수 있다. 배열을 인덱싱할 때는 번호 n−1을 사용해 배열의 n번째 요소에 접근해야 한다는 것을 기억하자. 또한 배열의 인덱스는 정수 데이터 유형이 들어간다. float 값으로 배열에 접근하려고 하면 정수 값(즉 1.0)을 나타내는 경우에도 오류가 발생한다.

해당 인덱스에 값을 할당해 배열의 특정 요소 값을 지정할 수도 있다. 다음 줄은 `myArray`의 첫 번째 요소를 "I'm a new value" 문자열로 설정한다.

```
>> myArray[0] = "I'm a new value"
>> print myArray[0]
```

인덱스가 배열에 속한 경우에만 배열 값에 접근하거나 설정할 수 있다. 다음 두 행은 배열에 네 개의 요소만 있기 때문에 오류가 발생하며, 최대 인덱스는 (네 번째 엘리먼트에 대한) 3이다.

```
>> myArray[6]
>> myArray[4]
```

배열은 스프레드시트의 행과 같은 그룹화된 데이터 집합을 나타내는 데 유용하다. 순서를 갖는 리스트에서 일련의 데이터 항목을 추적하기 때문에 그룹화된 데이터 집합에서 항목을 쉽게 저장하고 탐색할 수 있다.

## 사전

배열과 같이 사전은 항목들의 집합이다. 하지만 사전의 항목들은 리스트에서처럼 순서가 아닌 키라는 문자열로 참조한다. 사전을 이해하는 또 다른 방법은 값을 탐색하는 데 키를 사용하는 키-값 쌍의 집합이다. 사전을 만들려면 다음 문법을 사용한다. 여기서 <key1>, <key2>는 문자열이고 value1, value2는 임의의 값이다.

```
{<key1>:<value1>,<key2>:<value2>,<key3>:<value3>}
```

**TIP** 사전은 중괄호를 사용하고 배열은 대괄호를 사용한다.

다음 행은 두 개의 키–값 쌍을 갖는 d라는 사전을 만든다.

```
>> d = {"some_number": 1, "sup?": "yo!"}
>> print(d)
```

다음 문법을 사용해 사전의 특정 값에 액세스할 수 있다.

```
<dictionary name>[<key>]
```

예는 다음과 같다.

```
>> print(d["sup?"])
>> print(d["some_number"])
```

다음과 같이 키의 값을 지정해 키에 해당하는 값을 설정할 수도 있다.

```
>> d["some_number"] = 5
>> print(d["some_number"])
```

특정 사전에 아직 없는 키에 값을 할당하면 해당 키를 사전에 추가한다.

```
>> d["new_key"] = "I'm a new value"
>> print(d["new_key"])
```

직관적으로 파이썬 사전의 가장 큰 장점은 키로 항목을 저장하고 참조할 수 있다는 것이다. 숫자보다는 이름을 기억하는 것이 더 쉽다. 예를 들어, 100개의 열을 갖는 스프레드시트로 작업하는 경우 항목의 위치보다 열 제목으로 항목을 탐색하는 것이 훨씬 편리하다.

# 복합문

지금까지 작성한 각 코드 행은 정확히 한 번만 실행하며 작성된 직후에 실행한다. 복합문은 특정 코드 부분을 실행하는 시간과 방법을 제어할 수 있는 파이썬 구조다. 복합문은 프로그래머로서의 표현력을 크게 향상시킨다. 즉, 적은 코드로 더 많은 작업을 수행할 수 있게 한다. 몇 가지 복합문을 소개하기 전에 문법적 구조를 살펴보면 도움이 될 것이다.

## 복합문 문법과 들여쓰기 수준

복합문은 두 부분으로 구성된다. 첫 번째 부분인 절clause 헤더는 명령문 유형과 명령문에 관련된 기타 정보를 포함하는 행이다. 절 헤더는 항상 절의 유형으로 시작해 콜론으로 끝난다. 다음은 절 헤더의 문법이다.

```
<clause type> <clause body>:
```

(이 예제와 다음 두 개는 문법적인 구조를 보여주기 위한 것이며 실제 동작하는 코드를 나타내지 않는다.)

두 번째 부분은 공식 문서에서 스위트suite라 불리지만, 코드 블록이라고도 하므로 이 책에서는 이 용어를 사용한다. 코드 블록은 복합문으로 제어하는 일련의 추가적인 명령문들이다. 코드 블록에 속하는 각 명령문은 절 헤더와 달리 앞에 네 개의 추가 공백이 있어야 한다. 추가 네 개의 공백을 들여쓰기 수준이라고 한다.

```
<clause header>:
    <I'm a line of code in the code block...>
    <another line in the code block...>
    <yet another line of code, also in the code block...>
<I'm a line of code, but I'm not in the code block...>
```

 **탭과 공백의 차이**

공식적으로 들여쓰기 수준은 특정 명령문 앞에 오는 탭과 공백의 정확한 개수를 나타낸다. 파이썬 인터프리터는 코드 블록의 모든 명령문들에서 탭 또는 공백의 개수나 순서가 모두 일치한다면 이 코드 블록을 같은 들여쓰기 수준으로 인식한다. 물론, 탭과 공백을 혼용하면 혼란을 야기할 수 있기 때문에 결코 좋은 방법이 아니다. 하지만 일부 프로그래머는 들여쓰기 수준을 나타내기 위해 공백 대신 탭을 사용하는 것을 선호한다. 이 책에서는 아톰 텍스트 에디터의 기본값인 들여쓰기 수준마다 네 개의 공백을 일관되게 사용한다.

여러 복합문의 코드 블록 안에 복합문이 추가로 또 올 수 있기 때문에 일반적으로 파이썬 프로그램에서 사용하는 여러 수준의 들여쓰기가 있다.

```
<Clause header>:
    <I'm a line of code in the code block...>
    <another line in the code block...>
    <yet another line of code, also in the code block...>
    <Clause Header #2>:
        <code block #2>
<I'm a line of code, but I'm not in the code block...>
```

앞 예제에서 Clause header #2와 code block #2는 첫 번째 복합문에 포함된 복합문을 나타낸다.

아톰 텍스트 에디터나 그 밖의 여러 편집기를 사용하면 파이썬(.py) 파일로 작업할 때 들여쓰기 수준을 쉽게 추적할 수 있다. Tab 키를 누르면 커서가 4의 배수인 숫자만큼 앞으로 이동한다. Backspace 키를 누르면 커서가 네 칸 뒤로 이동한다. 이 작업을 수행하려면 파일의 확장자를 .py로 지정해야 한다.

이를 실험할 수 있는 쉬운 방법은 chapter2 폴더에 tabs.py라는 파일을 만들고 Tab, 스페이스 바, Backspace를 여러 번 눌러보는 것이다. 이 파일을 .py 파일로 저장해야 이 형식이 작동한다. 다음은 파이썬 파일에서 탭과 공백을 사용하는 예제다.

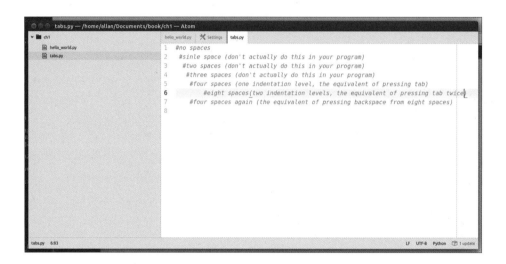

텍스트 에디터를 사용해 나머지 예제를 작성한다. 코드를 따라 입력하고 있다면 이 장의 초반부에서 했던 것처럼 텍스트 에디터에 다음 예제를 입력해 터미널에서 실행하는 것이 좋다.

## for문과 이터러블

for문은 코드 블록을 지정한 횟수만큼 반복적으로 실행하는 복합문이다. for 반복은 이터러블iterable이라고 불리는 파이썬 구조체와 함께 사용한다. 이터러블은 고정된 순서로 항목들의 시퀀스를 가져오거나 참조한다. 배열과 문자열 모두 파이썬에서 이터러블의 한 예다.

for문의 절 헤더에는 변수명과 이터러블이 포함되며 다음 문법을 따른다.

```
for <variable name> in <iterable>:
    <code block>
```

for문에 있는 코드 블록을 실행할 때마다 파이썬은 절 헤더에 명명된 변수를 만들고 이터러블에 있는 다음 항목의 값을 할당한다. for문은 이터러블에 항목이 더 이상 남아있지 않을 때 종료된다. 이런 방식으로 이터러블의 각 항목에 대해 동일한 작업을 수행할 수 있다.

구체적인 예로, 다음 프로그램은 colors라는 배열을 만들고 배열의 각 색상을 하나씩 출력한다.

```
colors = ['red','orange','blue']
for color in colors:
    print(color)
```

위 코드는 다음과 같이 작성하는 것과 동일하다.

```
colors = ['red','orange','blue']
color = colors[0]
print color
color = colors[1]
print color
color = colors[2]
```

반복문이 왜 유용한지 쉽게 알 수 있다. 1,000개의 항목이 있는 배열의 각 엘리먼트에 대해 작업해야 하는 경우 for 반복은 최소 2,000줄의 코드를 줄일 수 있다. 코드를 반복해서 작성하면 많은 시간이 소모되고 프로그램 읽기와 업데이트가 어려우며 오류가 발생하기 쉽다.

데이터를 정리하고 수정하는 작업의 대부분은 데이터셋의 각 항목에 대해 특정 작업을 수행하는 것이다. 따라서 for문을 효과적으로 사용하는 것은 데이터 조작의 핵심 부분이다.

# if문

if문은 조건에 따라 코드 블록을 실행할 수 있는 복합문이다. 즉, 특정 조건을 만족하면 코드를 실행한다. 반대로 만족하지 않으면 실행하지 않는다. if문의 문법은 다음과 같다.

```
if <booleanValue>:
    <code block>
```

절 헤더의 부울 값은 if문의 조건이다. 부울 값이 True면 코드 블록을 실행한다. 부울 값이 False면 코드 블록을 실행하지 않는다. 다음 예제 프로그램은 isSunny 변수 값이 True인 경우 "Nice Weather!"를 출력한다.

```
isSunny = True
if isSunny:
    print("Nice Weather!")
```

다음 예제에서 isSunny 값은 False로 변경돼 아무것도 실행하지 않는다.

```
isSunny = False
if isSunny:
    print("Nice Weather!")
```

## else와 elif절

하나의 절 헤더와 코드 블록의 결합을 절clause이라고 한다. if문을 포함해 일부 복합문은 여러 절을 갖는다.

elif절(else if의 줄임말)은 첫 if절 바로 뒤에 온다. if절의 조건을 만족하지 않으면, elif절은 두 번째 조건을 만족하는지 확인하고 조건에 따라 다른 코드 블록을 실행한다. 다음 프로그램은 elif절을 사용해 햇빛이 나지 않을 때 흐린지 여부를 확인한다.

```
isSunny = False
isCloudy = True
if isSunny:
    print('Nice Weather!')
elif isCloudy:
    print('Might Rain Soon!')
```

if문은 하나의 if절로 시작해야 하지만 연속적으로 연결된 여러 elif절을 가질 수 있다. if절의 조건을 만족하면 첫 번째 코드 블록을 실행한다. 다음 elif절의 조건을 만족하면 두 번째 코드 블록을 실행한다.

다음 예제는 이것이 문법적으로 어떻게 구성되는지 보여준다.

```
if <first condition>:
    <first code block>
elif <second condition>:
    <second code block>
elif <third condition>:
    <third code block>
....
```

else절은 if문의 끝에 올 수 있다. 이전 절에 대한 조건 중 하나라도 만족되지 않으면 else절의 코드 블록을 실행한다. 다음 프로그램은 if문에서 앞의 모든 절에 대한 조건이 false이기 때문에 "Not much going on with the weather right now"를 출력한다.

```
isSunny=False
isCloudy=False
isRaining=False
if isSunny:
    print("Nice Weather!")
elif isCloudy:
    print("Might rain soon!")
elif isRaining:
```

```
    print("I should bring my umbrella!")
else:
    print("Not much going on with the weather right now...")
```

 **TIP** 이전 프로그램의 시작 부분에서 만든 부울 변수에 true나 false를 바꿔 넣어가며 실험해보자.

## 함수

함수는 프로그램의 모든 지점에서 사용할 수 있는 레이블로 지정한 코드 블록이다.

파이썬 함수는 다음 문법을 따른다.

```
def <nameOfFunction>(<parameters>):
    <code block>
```

함수 이름 다음에 괄호가 있다는 점에 주목하자. 괄호 안에는 매개변수 또는 인자라고 부르는 특정 변수를 지정할 수 있다. 곧 이 부분을 다루겠지만 지금은 <parameters>를 선택 사항이라 하고 넘어가자.

다음 프로그램은 터미널에 Nice Weather라는 단어를 출력하는 간단한 함수를 만든다.

```
def reactToTheWeather():
    print("Nice Weather!")
```

앞의 예제를 실행하면 아무 일도 발생하지 않는다는 것을 알 수 있다. 함수의 코드 블록이 프로그램에 실행하도록 지시할 때만 실행하기 때문이다. 함수의 코드 블록을 프로그램이 사용할 때 함수의 실행 또는 호출이라고 한다. 함수를 호출하려면 함수의 이름을 쓰고 나서 괄호를 열고 닫는다. 다음 예제에서는 reactToTheWeather 함수를 세 번 호출하도록

nice_weather 프로그램을 수정했다.

```
def reactToTheWeather():
    print("Nice Weather!")

reactToTheWeather()
reactToTheWeather()
reactToTheWeather()
```

앞 프로그램을 실행하면 "Nice Weather!"를 터미널에 세 번 출력하는 것을 확인할 수 있다.

```
Terminal
allan@allan-ThinkPad-W510 ~ $ cd Documents/book/ch2/
allan@allan-ThinkPad-W510 ~/Documents/book/ch2 $ python reactToTheWeather.py
Nice Weather!
Nice Weather!
Nice Weather!
allan@allan-ThinkPad-W510 ~/Documents/book/ch2 $
```

여러 복합문 안에 복합문을 포함해 작성할 수 있으며, 이는 종종 매우 유용하다. 다음 예제에서는 reactToTheWeather 함수 안에 if문을 배치했다.

```
def reactToTheWeather():
    isSunny = True
    if isSunny:
        print("Nice Weather!")

reactToTheWeather()
```

## 함수에 인자 전달

앞의 예제를 살펴보면 함수 내부의 if문이 실제로 많은 행위를 하지 않는다는 것을 알 수 있다. 이 함수에서 isSunny 변수의 값은 항상 True다. 이상적으로, 특히 맑은지 맑지 않은지 여부에 따라 reactToTheWeather 함수는 외부 정보를 바탕으로 동작을 바꿀 수 있어야 한다.

함수를 호출할 때는 함수 외부에서 인자나 매개변수라 부르는 값을 전달할 수 있다. 인자의 이름은 함수로 전달할 수 있어야 하며 다음 문법을 사용해 작성한다.

```
def <function name>(<argument1>,<argument2>,<argument3>):
    <code block>
<function name>(<value1>,<value2>,<value3>)
```

함수를 호출할 때 각 인자의 값은 괄호 안에 쉼표로 구분해 작성한다. 그런 다음 인자는 절의 헤더에 지정한 이름을 사용해 함수의 코드 블록에서 변수로 사용할 수 있다.

다음은 실제로 어떻게 동작하는지 보여주기 위한 예제다. 다음 예제에서는 reactToTheWeather 함수가 isSunny라는 하나의 인수를 받도록 변경했다. reactToTheWeather 함수를 호출하면 isSunny 인자 값이 전달된다. 코드 블록이 실행되면 isSunny 변수는 함수가 호출할 때 전달받은 값을 사용한다.

```
def reactToTheWeather(isSunny):
    if isSunny:
        print("Nice Weather!")
    else:
        print("No sun today!")

reactToTheWeather(True)
reactToTheWeather(False)
```

## 함수로부터 값 반환

함수를 실행할 때 정보를 전달하는 것 외에, return문을 사용해 정보를 나중에도 유지시킬
수 있다. return문은 간단히 return 뒤에 반환할 값을 쓰고 코드 블록 가장 끝에 작성한다.

```
def myFunction():
    <some code>
    return <return value>
```

반환 값은 함수 호출 결과를 변수에 할당해 함수 외부에서 전달받을 수 있다. 다음 예제에
서는 함수 외부의 날씨에 대한 반응을 출력하기 위해 코드를 조금 수정했다.

```
def reactToTheWeather(isSunny):
    if isSunny:
        return "Nice Weather!"
    else:
        return "No sun today!"

reaction1 = reactToTheWeather(True)
print(reaction1)
reaction2 = reactToTheWeather(True)
print(reaction1)
```

# ▌ 프로그램에서 주석 달기

주석은 프로그램에 영향을 미치지 않는 프로그램 내부의 텍스트다. 주석은 코드를 읽는 사람들이 코드 자체를 좀 더 쉽게 이해할 수 있도록 메모를 작성하는 데 사용한다. # 문자 뒤에 텍스트를 쓰는 방식으로 주석을 사용할 수 있다.

```
# 주석은 프로그램 기능에 아무런 영향을 미치지 않아요
# 하지만 코드에 대한 유용한 정보를 제공합니다
# 이 코드는 'Hello World!'라는 단어를 출력해요
print('Hello World!')
```

주석은 두 가지 이유로 유용하다. 먼저 주석은 다른 사람들이 코드가 어떠한 역할을 하고 어떤 기능을 하는지 이해하는 데 도움이 될 수 있다. 주석을 잘 활용하면 작성한 코드로 협업하거나 공유하지 않더라도 작업 내용에 관한 생각과 아이디어를 잘 정리하는 데 큰 도움이 된다. 이는 코드를 작성한 후 몇 주나 몇 달 후에 코드를 재사용해야 하는 경우에 특히 유용하다.


# ▌ 프로그래머 리소스

프로그래밍 기술은 끊임없이 배우는 기술이다. 새로운 프레임워크, 패러다임, 프로그래밍 도전 과제가 있을 때마다 새로운 것을 배울 필요가 있다. 최신 트렌드를 따라가고 새로운 문제를 해결하는 방법에 대한 법칙은 없지만, 특히 다음의 두 가지 리소스는 훌륭한 프로그래머가 되는 데 도움이 될 것이다.


## 공식 문서

새로운 언어나 패키지를 배울 때마다 가장 먼저 확인해야 할 것은 공식 문서documentation

다. 좋은 문서에는 대개 시작하는 방법, 예제와 활용 사례, 그리고 가장 중요한 언어/패키지/도구 사용 방법을 알려주는 참고 자료가 포함돼 있다. 〈이름이나 패키지 이름〉 문서를 검색해 원하는 문서를 찾을 수 있다. 공식 문서는 특정 프로그래밍 언어로 어떤 작업을 하고자 할 때 참고하기 좋은 출발선이다. 파이썬 공식 문서는 https://docs.python.org에 있다.

## 온라인 포럼과 메일링 리스트

프로그래머는 시작하는 사람들에게 도움과 지원을 제공하는 데 매우 관대하다. 하지만 늘 공손하고 존중하는 마음가짐을 지녀야 한다. 오류를 디버깅하거나 뭔가를 수행하는 방법을 파악하려고 시도하거나 특정 기능의 작동 방식을 이해하려고 할 때 온라인 포럼은 매우 유용하다.

온라인 포럼의 좋은 예로 스택오버플로우Stack Overflow를 들 수 있다. 스택오버플로우를 통해 다양한 수준의 경험을 가진 많은 개발자 커뮤니티에 질문을 게시할 수 있다. 또한 주어진 패키지의 개발자는 종종 패키지를 사용하려는 사용자에게 도움을 제공하는 메일링 리스트를 갖고 있다. 예를 들어 공식 문서에서 정확히 원하는 작업을 수행하는 방법이 명확하지 않은 경우 활용할 수 있는 좋은 대안이다.

일반적으로 다른 사람에게 도움을 구할 때 다른 사람의 시간을 비효율적으로 만든다면 자신의 시간을 잘 사용하지 못하는 것이다. 도움을 요청하기 전에 스스로 문제를 이해하고 해결하도록 하는 것이 좋다. 에러를 찾아낼 수 있도록 철저히 살펴보고 코드를 확인하자. 너무 어렵지 않다면 공식 문서를 참조해 솔루션을 찾고 질문에 대한 답을 얻을 수 있는 이전 게시물을 검색하자. 도움을 요청할 때는 해결하려는 문제나 겪고 있는 문제에 대해 최대한 구체적으로 질문하고 사용 중인 포럼이나 메일링 리스트의 지침을 따르자(이전에 언급한 내용과 유사하다).

## ▌ 요약

이 장에서는 파이썬 프로그래밍의 기본 사항을 살펴봤고 개념적으로 데이터의 생성, 저장, 다루기 등에 필요한 기본 개념의 일부를 설명하기 시작했다. 이 내용이 어렵다면 복습하는 것이 좋다. 지금까지 성공적으로 첫 번째 프로그램을 만들었고 파이썬 프로그래밍 언어의 문법을 배웠다.

다음 장에서 데이터 조작을 계속 학습하기 위해 이러한 개념 중 일부를 다음 단계로 끌어올려야 한다. 먼저 모듈에 대해 다루고, 이 모듈을 사용해 앞서 작성한 코드에 다른 기능들을 추가할 수 있다. 또한 모듈을 사용해 다른 파일에서 읽고 쓰거나 파일 I/O를 수행할 수 있다. for문을 사용해 데이터셋의 개체들에 대해 반복 실행하고 데이터를 분석하고 데이터를 수정하는 기본 방법을 다루겠다. 끝으로 여러 번 실행할 코드 블록을 만드는 함수에 대해 알아본다.

# 데이터 입력, 탐색, 수정: 1부

파일을 열고 수정하고 저장하는 프로그래밍 작업은 쉬울수록 좋다. 프로그래밍을 처음 시작하는 사람에게는 이 점이 더욱 중요하다. 워드 프로세서에서 문서를 열어 편집하거나 엑셀 스프레드시트에 데이터를 입력해본 기억을 떠올려보라.

컴퓨터 프로그램과 같이, 특정한 구조를 가진 텍스트 파일을 사용해서 데이터셋을 표현할 수 있다. 데이터 파일의 텍스트는 저장하고 있는 자료와 그 자료의 구조 정보 모두를 저장한다. 어떤 면에서 볼 때, 데이터 파일을 처리하는 프로그램을 제작하는 과정은 문서 또는 스프레드시트를 편집하는 과정과 유사하다고도 볼 수 있다. 파일을 열어 분석한 후 수정하고 결과를 저장하기 때문이다.

데이터를 저장하고 탐색하는 방법으로 데이터베이스를 사용할 수 있다. 데이터베이스는 효율적인 저장, 탐색, 수정을 위해 구성된 체계적인 데이터셋이다. 9장, '대용량 데이터 처리'에서는 데이터베이스를 살펴볼 것이다.

파이썬에서 데이터 파일을 처리하는 일과 엑셀에서 스프레드시트를 편집하는 과정은 프로그래밍 도구를 사용하면 정보의 처리 과정을 훨씬 더 세밀하게 조율할 수 있다는 점에서 큰 차이가 있다. 즉 프로그래밍을 통해 목적에 알맞은 특화된 프로그램을 유연하게 작성할 수 있다.

프로그래밍의 범위는 매우 상세한 분야부터 매우 추상적인 범위까지 다양하다. 따라서 일반적이지 않은 데이터나 복잡한 데이터를 다루기 위해서는 매우 상세하고 구체적인 프로그래밍이 필요할 수 있다. 다음은 구체적인 접근법을 필요로 하는 몇 가지 작업 예시다.

- 매우 많은 양의 데이터를 처리해야 할 때
- 계층 구조의 데이터를 처리해야 할 때
- 불분명한 데이터를 처리해야 할 때
- 데이터를 재구성해야 하거나 형식을 변경해야 할 때
- 비정형 데이터에서 텍스트 본문과 같은 정보를 추출해야 할 때

반면, 일반적이면서 간단한 데이터를 다루는 작업은 알려진 프로그래밍 도구를 사용할 수 있기 때문에 데이터 처리 작업을 좀 더 간결하고 빠르게 처리할 수 있다. 다음은 빠른 속도의 데이터 처리가 가능한 몇 가지 작업의 예시다.

- 데이터 항목에 존재하는 값을 이용해 데이터 항목의 사용 여부 결정
- 변수의 선택과 추출
- 조건을 만족하는 변수의 값을 합산
- 변수의 값을 처리해 새 변수 생성

> ℹ️ 데이터 항목은 데이터셋에 존재하는 독립적인 항목을 말하며 레코드, 문서(document), 행 (row)으로도 불린다. 변수는 속성(attribute), 열(column)이라고도 불리며, 데이터셋에 존재 하는 데이터 변수를 말한다.

데이터는 다양한 형태와 크기로 존재하기 때문에 값의 범주를 파악해 데이터 처리 작업에 필요한 도구를 잘 선택해야 한다. 이번 장에서는 원시 데이터에 다소 가까운, 즉 상세한 관점에서의 데이터 처리 과정을 프로그래밍을 통해 살펴본다. 이 장은 다음과 같이 구성돼 있다.

- 외부 리소스
- 이번 장 살펴보기
- 기본 데이터 처리 작업 흐름 소개
- JSON 파일 형식 소개
- 파이썬의 파일 I/O를 이용한 파일 열기와 닫기
- 파일 내용 읽기

## ▌ 외부 리소스

수록된 데이터 중 일부는 변경될 수 있으므로, 이 책에서 다루는 방법으로는 처리가 어려울 수 있다. 따라서 인터넷 자원을 활용해 학습을 원활히 진행할 수 있도록 구성했다.

- 설치 방법 가이드라인
- 예제 데이터셋
- 예제 코드
- 읽어보면 도움이 될 문서와 자료의 링크

부록(외부 자료)은 구글 드라이브(https://goo.gl/8S58ra)에 접근해 다운로드할 수 있다.

## ▌ 이번 장 살펴보기

이 장에서는 process_daya.py 프로그램을 사용한다. process_data.py 프로그램은 JSON 파일을 읽어서 일부 변수를 추출한 후 데이터셋을 생성하고 새로운 JSON 파일에 기록한다.

이 장의 마지막 부분에서는 입출력 파일의 이름을 사용자가 입력할 수 있는 개선된 process_data.py 프로그램인 process_data2.py 프로그램을 설명한다.

모든 코드 및 데이터셋은 https://goo.gl/8S58ra에 접속해 다운로드할 수 있다.


### 설치 요구 사항

이번 장의 예제를 살펴보기 위해 다음의 프로그램을 설치하자.

- 아톰Atom: 깃허브GitHub가 제작한 오픈소스 텍스트 에디터
- 파이썬 3 최신 버전

설치 방법 및 가이드라인은 참고 문서의 설치 항목을 살펴보길 바란다. 참고 문서는 https://goo.gl/8S58ra에서 다운로드할 수 있으며, 아톰과 파이썬 3 항목을 찾아 설치를 진행하면 된다.


### 데이터

이번 장에서는 일반적인 사건의 문제 보고서를 지방 정부에 전달하는 플랫폼인 Seeclickfix의 데이터셋을 사용한다. 데이터셋에는 Seeclickfix 플랫폼을 사용해 작성된 문제 보고서 항목이 존재한다. 부록(외부 자료)을 통해 이번 장에서 사용할 데이터셋을 다운로드하자.

## 파일시스템 설정

이번 장의 데모를 실행하려면 ch3라는 이름의 파이썬 프로젝트 폴더를 생성해야 한다. ch3 폴더에서 이번 장에서 사용할 코드와 데이터셋을 작업하게 된다. 데이터 폴더에 scf_data.json이라는 이름의 데이터셋 파일을 복사하자. 다음은 디렉터리 구조의 요약이다.

```
ch3
--> process_data.py
--> process_data2.py
--> data/
----> scf_data.json
```

## ▌ 기본 데이터 처리 작업 흐름 소개

데이터를 처리하는 프로그램의 구성 요소에 대해 설명한다. 앞서 언급한 것처럼, 여기서는 기본적인 데이터 처리 방법을 다룬다. 데이터를 열고 읽고 쓰는 내용을 집중적으로 다루며, 데이터의 탐색 및 수정은 다음 장에서 다룬다.

다음은 데이터 파일 처리 과정에서의 기본 작업 흐름이다. 데이터 처리가 반드시 다음과 같이 진행돼야 할 필요는 없지만, 이 책에서 다루는 다양한 도구와 접근 방법을 이해하고 응용하기 위해서는 알아두는 것이 좋다.

1. 프로그램에서 입력 데이터가 기록된 파일 열기
   프로그램에서 파일을 읽고 쓰려면 접근 권한을 얻어야 하며 컴퓨터의 파일시스템에 요청해야 한다. 이 과정을 파일 I/O라고 부르며, 파이썬에 내장된 기본 기능을 통해 상대적으로 간단하게 작업할 수 있다.

2. 파일에서 데이터를 읽어 프로그램에 입력하기
   파일을 연 다음에는 원시 텍스트 형태로 내용을 읽어 프로그램의 메모리에 올린 후, 데이터를 프로그램에서 처리할 수 있는 적절한 데이터 구조로 변경해야 한다. 1번과 2번 과정은 종종 하나의 단계로 간주되기도 하지만 이해를 돕기 위해 이와 같이 분리해 설명했다.

3. **파일 내용 탐색하기**
   데이터의 내용을 정리하거나 추출하거나 변경하려면 내용을 자세히 살펴보는 과정이 필수적이다. 이 작업은 데이터 검수라고도 한다.

4. **파일 내용 수정하기**
   데이터의 최종 사용을 위해 데이터 정리 및 처리 작업을 통해 재구성한다.

5. **수정된 데이터를 새 파일에 기록하기**
   처리가 완료된 데이터를 추가적인 분석을 위해 새 파일에 저장한다.

## ▌ JSON 파일 형식 소개

엑셀 스프레드시트로 작업한 경험이 있다면, 스프레드시트 형식의 데이터에 익숙하다고 할 수 있다. 스프레드시트는 일종의 표 형식 데이터셋으로, 일련의 행과 열로 구성돼 있다. 각 열은 데이터 변수고, 각 행은 데이터 항목이다. 4장, '데이터 입력, 탐색, 수정: 2부'에서는 표 데이터 형식인 CSV 파일을 다룬다.

이번 장에서는 JSON 파일 형식의 데이터셋을 사용한다. JSON은 계층 데이터 형식이며, 테이블 형식보다 자유로운 구조를 갖고 있다. 일반적으로 JSON 데이터셋은 고정된 형태의 데이터 항목을 배열로 담고 있다.

JSON은 파이썬의 딕셔너리 및 리스트와 동일한 형태를 갖는 두 개의 구조로 구성돼 있다. 딕셔너리 구조는 키-값 쌍으로 구성된 요소의 모음이고, 리스트는 순서가 있는 값으로 구성된 요소의 모음이다. 이 두 가지 형식은 서로 중첩해 사용할 수 있다. 다음은 이번 장에서 다룰 JSON 데이터셋의 구조를 나타낸다.

```
    },
    "updated_at": "2017-08-26
    "closed_at": null,
    "shortened_url": null,
    "flag_url": "https://seed
    "url": "https://seeclick1
    "reopened_at": null,
    "lng": -74.0420227050781,
    "html_url": "https://seed
    "id": 3662906,
    "address": "467 Manila Av
    "description": "This one
    "summary": "Streets: Poth
    "acknowledged_at": null,
    "rating": 1,
    "media": {
        "image_square_100x100
        "representative_image
        "image_full": "https:
        "video_url": null
    },
```

위 그림에서 볼 수 있는 것처럼, JSON은 파이썬과 구조적으로 유사할 뿐만 아니라 문법적으로도 유사함을 알 수 있다. 이는 JSON 구조가 파이썬의 딕셔너리와 리스트 구조를 지원하기 때문이며, 이를 통해 파이썬에서 JSON 파일을 직관적으로 간단하게 쓸 수 있다. 이번 장의 나머지 부분에서는 JSON 데이터를 파이썬에서 어떻게 열고 읽는지 간단히 살펴보자.

## ▌ 파이썬의 파일 I/O를 이용한 파일 열기와 닫기

파일의 접근 권한을 얻기 위해서는 프로그램에서 운영체제로 파일 I/O 작업을 요청해야 한다. 파일 I/O는 프로그램이 파일을 열고 읽고 쓰고 닫을 수 있도록 해준다(여기서 I/O는 입력input과 출력output을 의미하며, 프로그램이 값을 입력받아 파일로 기록할 수 있도록 한다).

파일을 명시적으로 열어야 할 필요는 없지만, 파일 열기와 파일 내용 읽기는 개념적으로 구분해두는 것이 좋다. 파일의 내용을 점진적으로 읽거나 파일을 열 때 특정한 파라미터를 사용해야 하는 경우가 종종 있기 때문이다.

이제 파이썬에서 파일을 열어보자.

## open 함수와 파일 객체

파일을 열기 위해 파이썬에 내장된 open( ) 함수를 사용하자.

```
file = open("<파일의/상대 경로/또는/절대 경로>", "<권한>")
```

예제의 file 변수는 파일 객체라 부른다. 객체는 파일의 내용을 실제로 담고 있지 않지만, 권한이 부여된 파일의 메모리 주소 값을 가지고 있어 프로그램에서 파일에 접근할 수 있도록 한다. 파일 객체는 일반적으로 데이터를 읽는 다른 함수의 파라미터로도 쓰인다.

open( ) 함수의 첫 번째 파라미터는 파일의 경로며, 일반적으로 프로그램이 실행되는 디렉터리부터 데이터가 들어있는 파일 경로까지의 상대 경로를 사용한다. 절대 경로 또한 사용할 수 있다.

두 번째 파라미터는 접근 권한으로, 프로그램이 파일을 다룰 때 부여된 접근 권한을 의미하는 문자열이다. 이 책에서는 다음의 두 가지 권한을 파일 I/O에서 사용한다.

- 읽기 권한: 문자 r로 나타내며, 프로그램이 파일을 읽을 수는 있지만 쓰거나 수정할 수는 없다.
- 쓰기 권한: 문자 w로 나타내며, 프로그램이 파일에 내용을 기록할 수 있도록 한다. 만약 해당 경로에 파일이 이미 존재한다면 기존의 파일을 지우고 자동으로 새로운 빈 파일을 생성한다.

파일에 내용을 기록하기 위해 w 권한만 사용하는 작업은 위험할 수 있다. 파일 탐색기에는 실수로 파일이 손실되는 일을 막기 위한 여러 장치가 존재한다. 만약 파일을 삭제하려 한다면 다이얼로그 창으로 삭제 여부를 물어보며, 파일을 삭제한다 하더라도 영구 삭제를 명령한 경우가 아니라면 휴지통으로 이동돼 임시로 삭제될 뿐이다.

하지만 파이썬에서 w 권한만을 사용해 파일을 열면 해당 경로의 파일을 덮어 씌워 빈 파일로 만든다. 따라서 항상 r로 파일을 읽어 내용을 백업해두고, 출력 결과 또한 백업해두는 이중 확인 절차를 거치는 것이 좋다.[1]

## 파일 구조: 데이터 저장을 위한 좋은 방법

파일 구조는 '이번 장 살펴보기'에서 이미 설명한 내용이지만, 몇 가지 내용을 여기서 다시 살펴보자. 프로젝트에 속한 데이터와 코드를 동일한 폴더에 보관하면 쉽게 관리할 수 있다. 또한 데이터는 따로 모아 프로젝트 폴더 내의 데이터 폴더에 보관하면 편리하다. 다음은 이러한 디렉터리 구조를 나타낸 화면이다.

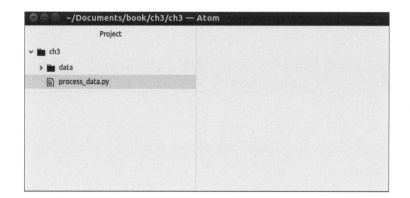

---

1 w 권한을 사용해서 파일을 열면 빈 파일이 생성되는 이유는 r 권한이 없으므로 해당 경로에 파일이 존재하더라도 내용에 접근할 수 없기 때문이다. 따라서 파일에 데이터를 기록하는 접근 권한으로 rw를 사용하면 위와 같은 문제가 발생하지 않는다. – 옮긴이

위와 같이 데이터 폴더를 구분해 사용하는 또 다른 이유도 있다. 아톰을 비롯한 다양한 텍스트 에디터는 폴더 경로에 존재하는 모든 파일을 자동으로 읽는 기능이 있는데, 이때 매우 큰 데이터 파일을 자동으로 읽으며 발생하는 오류를 막을 수 있다. 데이터 파일을 별도의 독립된 디렉터리에 저장한다면 코드를 클릭하려다가 데이터 파일을 열게 되는 실수 또한 막을 수 있다.

정확한 디렉터리 구조는 프로젝트에 따라 달라질 수 있다. 가령 여러 출처(소스)로부터 데이터를 사용하는 작업을 할 때는 데이터 출처에 따라 폴더를 세분화할 수도 있다. 프로젝트에서 다양한 코드를 사용한다면 코드를 특성별로 분류하기 위한 폴더를 사용할 수도 있다.

버전 관리[2](깃(Git), SVN 등)에 대해 들어본 적이 있을 것이다. 버전 관리는 코드의 변화를 추적하는 도구며, 이 책에서 다루지는 않는다. 버전 관리를 사용하는 경우라 하더라도, 대용량 데이터 파일에 대해서는 버전 관리를 적용하지 않는 것이 좋다. 이 경우에도 데이터 파일을 별도의 폴더에 보관해두면 편리하다.

## 파일 열기

파일 열기에서는 다음의 내용을 다룬다.

1. 데이터 처리를 위한 프로젝트 폴더의 생성 및 구성
2. 프로젝트 폴더에 데이터 복사
3. 데이터 파일을 열고 닫는 프로그램 작성

---

2 버전 관리는 파일 바이너리의 변화를 기록하고 추적하는데, 대용량 데이터의 경우 저장하고 추적해야 할 바이너리의 양이 급격히 증가해 버전 관리자의 리소스를 많이 차지하게 된다. - 옮긴이

데이터를 읽고 처리하는 프로그램을 구성해보자. 다음 단계는 파일시스템을 구성하고 데이터 파일을 여는 방법을 설명한다.

1. 아톰을 실행한다. 익숙한 다른 텍스트 에디터를 사용해도 좋다. ch3라는 이름의 프로젝트 폴더를 생성하자. ch3 폴더 내부에 process_data.py 파일을 생성하고 data 폴더를 만들자.

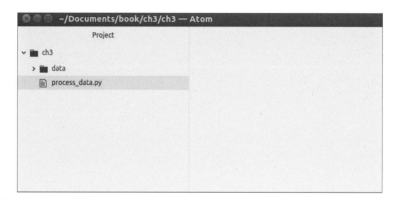

2. scf_data.json 파일을 아직 다운로드하지 않았다면 부록(외부 자료)을 확인해서 다운로드하고 data 폴더에 복사하자.

3. process_data.py 파일에서 scf_data.json 파일을 open( ) 함수를 이용해 읽기 (r) 권한으로 열자.

```
inFile = open("data/scf_data.json",'r')
```

만약 윈도우 환경에서 작업한다면 상대 경로를 지정하는 방법에 차이가 있다는 점을 알아둬야 한다. 윈도우에서는 경로 접근을 위해 역슬래시(\) 문자열을 사용한다. 반면 맥 OS나 리눅스에서는 슬래시(/) 문자열을 사용한다. 파이썬에서 역슬래시 문자열은 예약어(이스케이프 문자)로 사용되기 때문에 윈도우 환경에서는 경로 접근을 위해 역슬래시를 두 번 사용(\\)해야 한다. 즉 윈도우 환경에서는 코드를 다음과 같이 변경해야 한다.

```
inFile = open("data\\scf_data.json",'r')
```

이 책에서는 맥 OS와 리눅스를 사용하는 것으로 가정하고 파일 경로를 사용한다. 따라서 윈도우 사용자는 위와 같은 차이가 있다는 점을 알아두길 바란다.

4. 파일을 연 후에 사용이 끝나면 파일을 닫아줘야 한다. 파일 닫기는 파일 객체의 close( ) 함수를 호출하면 된다.

```
inFile = open("data/scf_data.json",'r')
inFile.close()
```

5. 예제를 좀 더 유용하게 고쳐보자. process_data.py에서 파일 객체의 read( ) 함수를 통해 파일의 원시 데이터를 읽고 출력하자.

```
inFile = open("data/scf_data.json",'r')
print(inFile.read())
inFile.close()
```

6. 이제 프로그램을 실행해보자. 다음과 같이 파일로부터 읽어온 원시 데이터가 화면에 출력된다.

```
allan@allan-ThinkPad-W510 ~/Documents/book/ch3/ch3 $ python3 process_data.py
{
    "errors": {},
    "issues": [
        {
            "transitions": {
                "close_url": "https://seeclickfix.com/api/v2/issues/3662906/clos
e"
            },
            "status": "Open",
            "point": {
                "type": "Point",
                "coordinates": [
                    -74.04202270507812,
                    40.72603225708008
                ]
            },
            "updated_at": "2017-08-26T18:06:54-04:00",
            "closed_at": null,
            "shortened_url": null,
            "flag_url": "https://seeclickfix.com/api/v2/issues/3662906/flag",
            "url": "https://seeclickfix.com/api/v2/issues/3662906",
            "reopened_at": null,
            "lng": -74.0420227050781,
            "html_url": "https://seeclickfix.com/issues/3662906",
            "id": 3662906,
            "address": "467 Manila Ave Jersey City, NJ 07302, USA",
            "description": "This one is DEEP, around six inches, definitely a ma
jor hazard needs repair immediately before people get seriously hurt.",
            "summary": "Streets: Pothole/sinkhole/uneven pavement",
            "acknowledged_at": null,
            "rating": 1,
            "media": {
                "image_square_100x100": "https://seeclickfix.com/files/issue_ima
ges/0085/7979/1503785141574_square.jpg",
                "representative_image_url": "https://seeclickfix.com/files/issue
_images/0085/7979/1503785141574_square.jpg",
                "image_full": "https://seeclickfix.com/files/issue_images/0085/7
979/1503785141574.jpg",
                "video_url": null
            },
            "request_type": {
                "title": "Streets: Pothole/sinkhole/uneven pavement",
                "id": 11923,
                "related_issues_url": "https://seeclickfix.com/api/v2/issues?lat
=40.7260322570801&lng=-74.0420227050781&request_types=11923&sort=distance",
                "organization": "City of Jersey City",
                "url": "https://seeclickfix.com/api/v2/request_types/11923"
            },
            "created_at": "2017-08-26T18:06:52-04:00",
            "comment_url": "https://seeclickfix.com/api/v2/issues/3662906/commen
```

# ▌ 파일 내용 읽기

데이터 파일은 파이썬 코드와 마찬가지로, 문법 규칙을 갖춘 텍스트 데이터의 묶음으로 구성돼 있다. 파이썬 프로그램에서 데이터 파일에 존재하는 데이터를 사용하려면 프로그램에서 사용할 수 있는 데이터 구조로 변경해야 한다.

파일 읽기는 프로그램이 원시 데이터 파일을 불러오는 과정이고, 데이터의 파싱은 원시 데이터 형식을 적절한 자료 구조로 변환하는 과정을 말한다. 하지만 파일 읽기라는 용어에 파싱을 내포하는 경우도 종종 찾아볼 수 있다. 또한 파일 읽기와 파싱을 편리하게 해줄 수 있는 도구를 사용하기도 한다. 이 책에서는 JSON 데이터를 파싱하기 위해 파이썬의 내장 json 모듈을 사용한다. 앞서 언급한 것과 같이 파이썬 딕셔너리와 리스트 구조는 JSON 데이터 구조에서 표현할 수 있기 때문에 파이썬에서 JSON 데이터 형식을 사용하면 매우 편리하다.

## 파이썬 모듈

파이썬 모듈은 이미 작성돼 있는 코드의 묶음이며, 파이썬에 기본적으로 내장돼 있을 수도 있고 추가 기능으로 덧붙일 수도 있다.

내장 모듈은 파이썬을 설치하는 과정에서 함께 설치되는 모듈로, 일반적인 상황에서는 추가적인 설치 또는 설정 작업이 필요하지 않다.

외부 모듈은 기업 또는 오픈소스 커뮤니티 등에 의해 개별적으로 개발 및 관리돼 배포되는 모듈이다. 이에 대해서는 이후에 다뤄보자.

import 구문을 이용해 프로그램에서 모듈을 불러올 수 있다.

```
import <모듈 이름>
```

모듈이 내장 모듈(또는 이미 설치된 외부 모듈)이라면, import 구문은 코드상에 적힌 모듈을 불러오게 된다. 해당하는 이름의 모듈이 없다면 구문 오류가 발생한다.

프로그램의 앞부분에 import 구문을 사용하는 방법은 좋은 프로그래밍 습관이다. import 구문을 프로그램의 앞 단에 붙여두면 다른 사람이 코드를 봤을 때 필요한 모듈이 무엇인지 쉽게 파악해 오류 발생을 줄일 수 있기 때문이다. import 구문을 프로그램 앞 단에 작성하는 습관을 들이자.

## json 모듈을 이용한 JSON 파일 파싱

이제 json 모듈을 이용해서 scf_data.json 파일의 내용을 읽고 파싱해보자. 다음은 json 모듈을 사용하는 방법을 설명한 내용이다.

1. process_data.py 파일에서 다음과 같이 import 구문을 이용해 json 모듈을 로드하자. 놀라지 말라. import를 할 모듈 이름이 json이다.

```
import json
inFile = open("data/input_data.json",'r')
print(inFile.read())
inFile.close()
```

2. json 모듈의 load() 함수는 JSON 파일의 데이터를 읽고 파싱한다. json.load() 함수를 이용해서 file 객체의 내용을 불러오고 결과 값을 scf_data 변수에 저장하자. 그러면 scf_data 변수에 JSON 파일이 파싱돼 저장된다. json.load() 함수는 파일을 열고 난 후부터 닫기 전 사이에 호출돼야 한다.

```
import json
inFile = open("data/input_data.json",'r')
scf_data = json.load(inFile)
print(inFile.read())
inFile.close()
```

> **ⓘ** json 모듈에서 load 함수를 호출하는 문법 json.load()는 프로그래밍 초심자에게 혼란스러
> 울 수 있다. 이 문법은 객체(object)를 호출하는 프로그램 문법이다. 객체는 파이썬 구조로 구
> 성돼 있는 함수와 변수의 집합이며, 코드를 개념적으로 일관되게 구성하고 함수나 변수의 이
> 름 중복을 막아주는 역할을 한다.
>
> 이 책에서는 객체를 직접 생성하지 않는다. 하지만 함수와 객체의 특성은 종종 이용하기 때문
> 에 위와 같은 문법에 익숙해지자.
>
> 앞의 예제에서, load() 함수는 JSON 객체에 속한 함수며 json 모듈을 임포트할 때 함께 로
> 드됐다. load() 함수가 JSON 객체에 속해 있기 때문에 json.load()의 형태로 사용한다.

3. 원시 데이터를 화면에 출력하지 말고 파싱한 JSON 데이터를 기록한 scf_data 변
   수를 출력해보자. process_data.py 파일을 다음과 같이 수정하면 된다.

```
import json
inFile = open("data/input_data.json",'r')
scf_data = json.load(inFile)
print(scf_data)
inFile.close()
```

4. 프로그램을 실행해보면 다음과 같이 파싱한 JSON 데이터가 화면에 출력된다.

```
allan@allan-ThinkPad-W510 ~/Documents/book/ch3/ch3 $ python3 process_data.py
{'issues': [{'status': 'Open', 'address': '467 Manila Ave Jersey City, NJ 07302,
 USA', 'lat': 40.7260322570801, 'url': 'https://seeclickfix.com/api/v2/issues/36
62906', 'id': 3662906, 'html_url': 'https://seeclickfix.com/issues/3662906', 'ac
knowledged_at': None, 'created_at': '2017-08-26T18:06:52-04:00', 'media': {'imag
e_square_100x100': 'https://seeclickfix.com/files/issue_images/0085/7979/1503785
141574_square.jpg', 'image_full': 'https://seeclickfix.com/files/issue_images/00
85/7979/1503785141574.jpg', 'representative_image_url': 'https://seeclickfix.com
/files/issue_images/0085/7979/1503785141574_square.jpg', 'video_url': None}, 'ra
ting': 1, 'reopened_at': None, 'transitions': {'close_url': 'https://seeclickfix
.com/api/v2/issues/3662906/close'}, 'shortened_url': None, 'flag_url': 'https://
seeclickfix.com/api/v2/issues/3662906/flag', 'point': {'type': 'Point', 'coordin
ates': [-74.04202270507812, 40.72603225708008]}, 'request_type': {'title': 'Stre
ets: Pothole/sinkhole/uneven pavement', 'id': 11923, 'url': 'https://seeclickfix
.com/api/v2/request_types/11923', 'organization': 'City of Jersey City', 'relate
d_issues_url': 'https://seeclickfix.com/api/v2/issues?lat=40.7260322570801&lng=-
74.0420227050781&request_types=11923&sort=distance'}, 'description': 'This one i
s DEEP, around six inches, definitely a major hazard needs repair immediately be
fore people get seriously hurt.', 'lng': -74.0420227050781, 'closed_at': None,
summary': 'Streets: Pothole/sinkhole/uneven pavement', 'updated_at': '2017-08-26
T18:06:54-04:00', 'comment_url': 'https://seeclickfix.com/api/v2/issues/3662906/
comments'}, {'status': 'Acknowledged', 'address': '332-398 20th St Ne Washington
, DC 20002, USA', 'lat': 38.8943862915039, 'url': 'https://seeclickfix.com/api/v
2/issues/3662905', 'id': 3662905, 'html_url': 'https://seeclickfix.com/issues/36
62905', 'acknowledged_at': '2017-08-26T18:06:52-04:00', 'created_at': '2017-08-2
6T18:06:47-04:00', 'media': {'image_square_100x100': 'https://seeclickfix.com/fi
les/issue_images/0085/7978/1503785201397_square.jpg', 'image_full': 'https://see
clickfix.com/files/issue_images/0085/7978/1503785201397.jpg', 'representative_im
age_url': 'https://seeclickfix.com/files/issue_images/0085/7978/1503785201397_sq
uare.jpg', 'video_url': None}, 'rating': 1, 'reopened_at': None, 'transitions':
{}, 'shortened_url': None, 'flag_url': 'https://seeclickfix.com/api/v2/issues/36
62905/flag', 'point': {'type': 'Point', 'coordinates': [-76.9762420654297, 38.89
43862915039]}, 'request_type': {'title': 'Abandoned Vehicle - On Public Property
', 'id': 482, 'url': 'https://seeclickfix.com/api/v2/request_types/482', 'organi
zation': 'DC 311', 'related_issues_url': 'https://seeclickfix.com/api/v2/issues?
lat=38.8943862915039&lng=-76.9762420654297&request_types=482&sort=distance'}, 'd
escription': "Truck hasn't moved in months and seems abandoned. ", 'lng': -76.97
62420654297, 'closed_at': None, 'summary': 'Abandoned Vehicle - On Public Proper
ty', 'updated_at': '2017-08-26T18:06:52-04:00', 'comment_url': 'https://seeclick
fix.com/api/v2/issues/3662905/comments'}, {'status': 'Open', 'address': '3102 Su
mmit Ave Greensboro, North Carolina', 'lat': 36.1145085, 'url': 'https://seeclic
kfix.com/api/v2/issues/3662904', 'id': 3662904, 'html_url': 'https://seeclickfix
.com/issues/3662904', 'acknowledged_at': None, 'created_at': '2017-08-26T18:05:4
5-04:00', 'media': {'image_square_100x100': None, 'image_full': None, 'represent
ative_image_url': 'https://seeclickfix.com/assets/categories/odor-fa0564ee17ffef
2e4fdac4f8dcad2a2b83dce705c292755385dcf42f1bafc50d.png', 'video_url': None}, 'ra
ting': 1, 'reopened_at': None, 'transitions': {'close_url': 'https://seeclickfix
.com/api/v2/issues/3662904/close'}, 'shortened_url': None, 'flag_url': 'https://
seeclickfix.com/api/v2/issues/3662904/flag', 'point': {'type': 'Point', 'coordin
ates': [-79.76451459999998, 36.1145085]}, 'request_type': {'title': 'Residential
 Trash Cans', 'id': 4655, 'url': 'https://seeclickfix.com/api/v2/request_types/4
655', 'organization': 'City of Greensboro', 'related_issues_url': 'https://seecl
```

터미널 출력 화면에서는 원시 데이터를 출력한 결과와 파싱된 JSON 데이터를 출력한 결과가 똑같아 보일 수 있지만, 실제로는 큰 차이점이 있다. 원시 데이터는 단순히 파이썬 문자열 데이터 형식으로 구성돼 있으나, 파싱된 JSON 데이터는 파이썬 딕셔너리와 리스트가 중첩 구성된 데이터 형식을 따른다. 즉 파싱된 JSON 데이터는 프로그램에서 손쉽게 조작할 수 있는 형태로 존재한다.

## ▌ 데이터 파일의 내용 탐색

데이터셋을 처리하기 위한 코드를 작성하기 전에, 먼저 데이터셋에 어떤 내용이 있는지 살펴보자. 이 과정은 데이터로부터 직관을 얻어내는 데이터 분석과는 조금 다르다.

데이터 탐색의 초기 과정은 데이터셋에 대해 얼마나 잘 알고 있는지, 데이터를 이용해서 어떤 일을 할 것인지에 따라 다르다. 데이터 탐색 과정에서 필요한 사항을 파악하려면 다음과 같은 질문을 던져서 도움을 얻을 수 있다.

- 데이터가 어떤 방법으로 구조화돼 있는가?
  - 만약 데이터가 표 형식으로 구성돼 있다면, 이 질문에 대한 답은 간단하다. 구조화된 데이터이거나 비정형 데이터라면 표현하기가 어려울 수 있다.
- 변수 데이터는 무엇인가?
- 변수의 데이터 형식과 값이 가질 수 있는 범위는 어떤가?
- 값에 오류가 있거나, 값이 누락돼 있거나, 이상치가 존재해서 교정돼야 하는가?

프로그램을 이용해 데이터를 탐색하지 않아도 되지만, 종종 파일의 크기가 너무 크거나 복잡해서 일반적인 텍스트 에디터나 엑셀로는 처리할 수 없는 경우가 있다.

### 데이터의 주요 내용 추출

데이터셋의 주요 내용은 종종 일련의 구별 가능한 특징으로 구성된 데이터 항목이다. 앞서 언급한 것과 같이 표 형식의 데이터는 구조 파악이 좀 더 용이하므로, 이 과정은 CSV

파일을 다룰 때는 필요하지 않을 수 있다.

계층 데이터는 데이터 그 자체의 정보를 내포하는 메타데이터와 함께 구성된다. 각각의 데이터 항목은 다양한 구조로 표현할 수 있으며, 모든 데이터 항목이 동일한 변수에 포함되지 않을 수도 있다.

메타데이터<sup>metadata</sup>는 데이터를 사용하는 데 유용한 정보가 될 수 있지만, 데이터셋의 주요 내용과는 분리해두는 것이 좋다. 다음은 데이터의 구조를 탐색하고 주요 내용을 추출하는 방법을 설명한다.

1. 앞서 언급한 것처럼 파이썬에서 표현할 수 있는 JSON 데이터 형식은 딕셔너리 또는 리스트다. 따라서 데이터가 딕셔너리 또는 리스트로 표현 가능한지부터 확인해보라. 코드에서 print 함수 호출을 비활성화한 후 파이썬의 내장 함수 type()을 이용해 데이터의 형식을 확인해보자. 다음은 type 함수의 출력 결과다.

```python
import json
######### 데이터 파일 열기 및 읽기 ##########
inFile = open("data/input_data.json","r")
scf_data = json.load(inFile)
# print(scf_data)
inFile.close()
########### 데이터 탐색 #############
dataType = str(type(scf_data))
print("데이터 형식: " + dataType)
```

꺾쇠로 표현된 데이터 형식을 화면에서 확인할 수 있다.

```
Terminal
allan@allan-ThinkPad-W510 ~/Documents/book/ch3/ch3 $ python3 process_data.py
type of data: <class 'dict'>
allan@allan-ThinkPad-W510 ~/Documents/book/ch3/ch3 $
```

> 앞의 예제에서는 print 함수에서 출력될 값을 연결(concatenation)해 사용했다. 이 방법은
> 값을 출력할 때 매우 유용하다. 특히 print 함수를 여러 번 호출해야 하는 작업을 한 번의 호
> 출로 줄여줄 때 더욱 유용하다.

2. 데이터가 딕셔너리 형태로 구성돼 있음을 확인했으니, 이제 딕셔너리의 키가 무
엇인지 알아보자. 이 과정은 데이터가 어떤 방법으로 구성돼 있는지를 추정할 수
있도록 한다. 딕셔너리 객체의 keys 함수를 호출해서 키를 확인해보자.

```
############ 데이터 탐색 ############
dataType = str(type(scf_data))
print("데이터 형식: " + dataType)
print("딕셔너리 키: " + str(scf_data.keys()))
```

세 가지의 키 metadata, issues, errors를 확인할 수 있다. 키 메타데이터는 그
자체가 데이터는 아니며, 데이터를 파악하는 데 도움이 되는 정보다. 가령 여기
서 errors 키 메타데이터는 데이터를 불러오는 과정에서 발생하는 오류를 모아
둔 항목을 말한다(관련된 상세한 정보는 API에 따라 다르기 때문에 8장, '웹에서 데이터 수
집하기'에서 자세히 다룬다).

3. 이 데이터셋에는 문제 보고서가 포함돼 있기 때문에 issues 키가 주요 데이터를
포함하고 있는 것으로 추정할 수 있다. process_data.py를 다음과 같이 수정하
고 issues 키를 이용해서 내부의 값을 출력해보자.

```
...
print("딕셔너리 키: " + str(scf_data.keys()))
issues_data_type = str(type(scf_data["issues"]))
print("'issues' 데이터 형식: " + issues_data_type)
```

다음과 같이 issues의 데이터 형식을 확인할 수 있으며, 파이썬 리스트 형식이다.

```
allan@allan-ThinkPad-W510 ~/Documents/book/ch3/ch3 $ python3 process_data.py
type of data: <class 'dict'>
dictionary keys: dict_keys(['errors', 'metadata', 'issues'])
data type of the 'issues' value: <class 'list'>
allan@allan-ThinkPad-W510 ~/Documents/book/ch3/ch3 $
```

4. JSON 데이터셋에서 리스트 구조를 찾았다고 하더라도 그곳에 주요 데이터가 포함돼 있다고 보장할 수는 없다. 하지만 데이터의 길이가 긴 경우에는 주요 데이터를 포함할 가능성이 그만큼 높다. issues의 리스트가 데이터를 포함하고 있는지 확인하기 위해 리스트의 개별 항목을 출력해보자.

```
...
print("'issues' 데이터 형식: " + issues_data_type )
print("'issues' 리스트의 첫 번째 항목:")
print(scf_data["issues"][0])
```

파이썬 딕셔너리 형식의 키-값 쌍으로 구성된 데이터 변수가 출력됨을 확인할 수 있다.

```
allan@allan-ThinkPad-W510 ~/Documents/book/ch3/ch3 $ python3 process_data.py
type of data: <class 'dict'>
dictionary keys: dict_keys(['issues', 'metadata', 'errors'])
data type of the 'issues' value: <class 'list'>
first element of 'issues' list:
{'flag_url': 'https://seeclickfix.com/api/v2/issues/3662906/flag', 'status': 'Op
en', 'address': '467 Manila Ave Jersey City, NJ 07302, USA', 'point': {'coordina
tes': [-74.04202270507812, 40.72603225708008], 'type': 'Point'}, 'lng': -74.0420
227050781, 'created_at': '2017-08-26T18:06:52-04:00', 'comment_url': 'https://se
eclickfix.com/api/v2/issues/3662906/comments', 'id': 3662906, 'request_type': {'
title': 'Streets: Pothole/sinkhole/uneven pavement', 'related_issues_url': 'http
s://seeclickfix.com/api/v2/issues?lat=40.7260322570801&lng=-74.0420227050781&req
uest_types=11923&sort=distance', 'organization': 'City of Jersey City', 'url': '
https://seeclickfix.com/api/v2/request_types/11923', 'id': 11923}, 'url': 'https
://seeclickfix.com/api/v2/issues/3662906', 'html_url': 'https://seeclickfix.com/
issues/3662906', 'rating': 1, 'description': 'This one is DEEP, around six inche
```

의미 있는 출력 결과다. issues 리스트는 딕셔너리로 표현된 데이터 항목 리스트임을 확인했기 때문이다. 이와 같이 데이터셋의 구조를 탐색하고 주요 데이터를 찾아내봤다.

**TIP** 다른 데이터셋으로 작업할 때도 이와 동일한 방법이 성공하리라고 보장할 수는 없다. 특히 계층 구조 데이터를 탐색하는 과정에는 일정한 규칙이 없기 때문에 인내심이 필요하다. 데이터 출처에서 데이터 명세를 제공하는 경우 이를 활용하면 큰 도움이 된다.

데이터셋의 주요 데이터가 어디에 위치하는지 찾아냈다. 이제 데이터의 상세한 구성을 살펴보자. 데이터셋에서 사용한 변수의 이름과 자료형 명세가 제공된다면 도움을 받을 수 있으나, 이러한 명세는 제공되지 않는 경우가 많다.

다음으로, 데이터 항목을 읽기 쉬운 형태로 출력해본다. 이렇게 해서 어떤 데이터 변수가 존재하고 자주 사용되는지 확인할 수 있으며, 어떤 변수에 집중해야 하는지 파악할 수 있다.

## 데이터상의 모든 변수 출력

데이터셋을 작업하는 과정에서 직접 명세를 구성해나가면 도움이 된다. ch3 프로젝트 폴더에 notes라는 이름의 새 폴더를 생성하자. 이 폴더에 data_variables.txt라는 이름의 파일을 생성한다.

파이썬의 내장 함수인 pprint(Pretty Print) 모듈을 사용해서 데이터에 존재하는 변수를 깔끔하게 출력해보자. pprint 모듈의 명세는 https://docs.python.org/3.6/library/pprint.html에서 확인할 수 있다.

process_data.py 파일의 첫 번째 데이터 항목을 pprint 모듈을 이용해서 읽기 쉬운 형태로 출력해보자.

```
...
# print(scf_data["issues"][0])
pp = pprint.PrettyPrinter(indent=4)
print("first data entry:")
pp.pprint(scf_data["issues"][0])
```

더 이상 사용하지 않는 탐색 관련 코드 또한 제거하자. 앞의 예제 코드를 실행하면 다음과 같이 Pretty Print 결과가 출력된다.

```
allan@allan-ThinkPad-W510 ~/Documents/book/ch3/ch3 $ python3 process_data.py
first data entry:
{   'acknowledged_at': None,
    'address': '467 Manila Ave Jersey City, NJ 07302, USA',
    'closed_at': None,
    'comment_url': 'https://seeclickfix.com/api/v2/issues/3662906/comments',
    'created_at': '2017-08-26T18:06:52-04:00',
    'description': 'This one is DEEP, around six inches, definitely a major '
                   'hazard needs repair immediately before people get '
                   'seriously hurt.',
    'flag_url': 'https://seeclickfix.com/api/v2/issues/3662906/flag',
    'html_url': 'https://seeclickfix.com/issues/3662906',
    'id': 3662906,
    'lat': 40.7260322570801,
    'lng': -74.0420227050781,
    'media': {   'image_full': 'https://seeclickfix.com/files/issue_images/0085/
7979/1503785141574.jpg',
                 'image_square_100x100': 'https://seeclickfix.com/files/issue_im
ages/0085/7979/1503785141574_square.jpg',
                 'representative_image_url': 'https://seeclickfix.com/files/issu
e_images/0085/7979/1503785141574_square.jpg',
                 'video_url': None},
    'point': {   'coordinates': [-74.04202270507812, 40.72603225708008],
                 'type': 'Point'},
    'rating': 1,
    'reopened_at': None,
    'request_type': {   'id': 11923,
                        'organization': 'City of Jersey City',
                        'related_issues_url': 'https://seeclickfix.com/api/v2/is
sues?lat=40.7260322570801&lng=-74.0420227050781&request_types=11923&sort=distanc
e',
                        'title': 'Streets: Pothole/sinkhole/uneven pavement',
                        'url': 'https://seeclickfix.com/api/v2/request_types/119
23'},
    'shortened_url': None,
    'status': 'Open',
    'summary': 'Streets: Pothole/sinkhole/uneven pavement',
    'transitions': {   'close_url': 'https://seeclickfix.com/api/v2/issues/36629
06/close'},
    'updated_at': '2017-08-26T18:06:54-04:00',
    'url': 'https://seeclickfix.com/api/v2/issues/3662906'}
allan@allan-ThinkPad-W510 ~/Documents/book/ch3/ch3 $
```

터미널 출력 결과를 복사해서 노트에 붙여 넣어보자. 이러한 복사 및 붙여넣기 과정은 종종 머리 아플 정도로 어지럽거나 불가능할 수도 있다. 대안으로 스크린샷을 찍는 방법도 있다.

이제 데이터셋을 처리하고 변경하는 과정을 준비해보자. 원본 데이터셋에서 특정 데이터 변수를 추출하고 해당 변수의 값으로만 구성된 새로운 결과를 생성하는 방법을 설명한다.

## ▌ 데이터셋 수정

사용 가능한 데이터 변수 목록을 살펴보면 어떤 정보가 어떤 데이터 항목에 속해 있는지 알 수 있으며, 어떤 정보가 유용할지 추측해볼 수도 있다. 데이터셋의 내용을 관찰해봤다면, 이제 데이터를 직접 수정해보자. 다음은 데이터 수정 방법에 관한 몇 가지 범주를 나타낸다.

- 특정 데이터 변수 추출
- 서로 다른 출처의 데이터 통합
- 데이터 형식 변환
- 데이터 구조 변경
- 이상치 제거
- 오류 수정

이 책의 예시에서는 원본 데이터셋에서 몇 가지 변수를 추출해볼 것이다. 추출할 변수의 목록은 다음과 같다.

- address
- created_at
- description
- lng
- lat
- rating

## 원본 데이터셋에서 데이터 변수 추출

for 반복문을 사용해 원본 데이터셋의 데이터 항목을 순회한다. 개별 항목에 대해 앞서 언급한 변수를 새로운 데이터 항목으로 복사한 후 배열로 저장한다.

process_data.py에서 계속 작업한다. 수정된 데이터 항목을 저장할 new_scf_data라는 이름의 새 리스트를 생성하고, 나열된 데이터 변수를 variables라는 이름의 문자열 리스트로 복사하자. 이 문자열을 키로 사용해 원본 데이터 항목에 접근한다.

```
...
# pp.pprint(scf_data["issues"][0])
########### 데이터 수정 ###########
new_scf_data = []
variables = ["address","created_at","description","lng","lat","rating"]
```

## 데이터 순회를 위한 반복문 사용

데이터는 종종 항목의 나열로 구성돼 있으므로 반복문을 통해 각 항목별로 적합한 프로그램 코드를 동작시키는 방법을 사용할 수 있다.

new_scf_data 배열을 생성하고 반복문을 설정하자. 반복문은 원본 데이터셋에서의 개별 데이터 항목에 접근하는 데 사용한다. 반복문 내부에서 new_entry라는 이름의 새로운 파이썬 딕셔너리 변수를 생성한다. 이 딕셔너리에는 원본 데이터셋의 항목에서 추출한 변수가 기록된다. process_data.py 파일을 다음과 같이 수정해서 위와 같은 작업을 수행해보자.

```
########### 데이터 수정 ###########
new_scf_data = []
for old_entry in scf_data["issues"]:
    new_entry={}
```

## 데이터 변수의 순회를 위한 중첩된 반복문 사용

데이터 변수는 원본 항목에서 추출돼 새 항목에 저장돼야 한다. 이 작업은 반복문 내부에 또 다른 반복문이 존재하는 중첩된 반복문을 사용해서 수행할 수 있다. variables 배열의 모든 데이터 변수에 접근하기 위해 중첩된 반복문을 사용해보자.

가장 바깥의 반복문 안에 새 반복문을 생성하고, 그곳에서 variables 리스트의 항목을 순회하도록 구성하자. 중첩된 반복문에는 각 변수의 값을 새 변수로 복사하는 구문을 작성한다.

```python
...
for old_entry in issues:
    new_entry = {}
    for variable in variables:
        new_entry[variable] = old_entry[variable]
```

반복문이 올바르게 동작하는지 확인하려면 매 순회마다 내용을 출력해보자. 이 작업은 필수가 아니지만 코드 테스트를 위해 중첩된 반복문이 끝날 때마다 변수의 값이 새 데이터 항목에 올바르게 추가되는지 화면에 출력해보면 도움을 얻을 수 있다. process_data.py 에 다음과 같이 반영해 확인해보자.

```python
for old_entry in issues:
    new_entry = {}
    for variable in variables:
        new_entry[variable] = old_entry[variable]
    print(new_entry)
```

위와 같이 print 함수를 추가한 후 코드를 실행하면 다음과 같은 결과를 확인할 수 있다.

allan@allan-ThinkPad-W510 ~/Documents/book/ch3/ch3 $ python3 process_data.py
{'address': '467 Manila Ave Jersey City, NJ 07302, USA', 'created_at': '2017-08-26T18:06:52-04:00', 'description': 'This one
is DEEP, around six inches, definitely a major hazard needs repair immediately before people get seriously hurt.', 'lng': -
74.0420227050781, 'rating': 1, 'lat': 40.7260322570801}
{'address': '332-398 20th St Ne Washington, DC 20002, USA', 'created_at': '2017-08-26T18:06:47-04:00', 'description': "Truck
hasn't moved in months and seems abandoned. ", 'lng': -76.9762420654297, 'rating': 1, 'lat': 38.8943862915039}
{'address': '3102 Summit Ave Greensboro, North Carolina', 'created_at': '2017-08-26T18:05:45-04:00', 'description': "Dear Gr
eensboro City \r\nAs a resident in 3100-3102-3104 Summit avenue \r\nthe Trash collect cars don't come as schedule on Thursda
y\r\nThe street is full by trash\r\nand the insects spread everywhere specially in this hot weather in add to the bad smell\
r\nthat why we ask you to send the trash collector cars immediately and we ask you to provide another trash can since three
are not enough for about 200 resident in these area\r\nThanks \r\n", 'lng': -79.7645146, 'rating': 1, 'lat': 36.1145085}
{'address': '115 Zeigler Ln Selinsgrove, PA 17870, USA', 'created_at': '2017-08-26T18:05:41-04:00', 'description': 'Need the
screen put back in the window', 'lng': -76.8771314, 'rating': 1, 'lat': 40.7962332}
{'address': '921 E Clovefield St Gilbert, Arizona', 'created_at': '2017-08-26T18:04:55-04:00', 'description': 'Think we have
a water leak.  Had a Red Push tree that died quickly.  Bought new tree to replace however the hole keeps filling up with wa
ter and we have turned off our water source.', 'lng': -111.7701027, 'rating': 1, 'lat': 33.2571791}
{'address': '305 Longwood Ave  Huntsville, Alabama', 'created_at': '2017-08-26T18:04:26-04:00', 'description': ' Old Utility
pole has broken and fell a portion is propped up and tied with wire', 'lng': -86.58382, 'rating': 1, 'lat': 34.7187132}
{'address': '900 70th Street North Saint Petersburg, Florida', 'created_at': '2017-08-26T18:04:01-04:00', 'description': 'La
rge amount of furniture abadoned by dumpster. Apartment residents cannot access dumpster.', 'lng': -82.7364878, 'rating': 1,
'lat': 27.7814312}
{'address': '3212 Hyde St', 'created_at': '2017-08-26T18:03:59-04:00', 'description': 'Old chrysler? Car been here forever.
Grass is growing under it.  Never gets moved not even for street cleaning.  Yellow and gray? Lp is 882 UAF.  ', 'lng': -122
.2204001, 'rating': 1, 'lat': 37.7884642069597}
{'address': '332 20th St Ne Washington, DC 20002, USA', 'created_at': '2017-08-26T18:03:51-04:00', 'description': '', 'lng':
-76.9763385742215, 'rating': 1, 'lat': 38.8943513004548}
{'address': '5745 Shasta Pines Valdosta, GA 31601, USA', 'created_at': '2017-08-26T18:02:31-04:00', 'description': "There ar
e several lots that are not maintained on a regular basis. Most are owned by one individual who owns several homes and lots.
I don't want to say his name. Please have him to keep the lots cleaned. Thanks", 'lng': -83.2324265, 'rating': 1, 'lat': 30
.8166589}
{'address': '1200-1298 W 13th St Houston, TX 77008, USA', 'created_at': '2017-08-26T17:59:33-04:00', 'description': 'Gushing
water for 3 days in front a driveway to Love Elementary ', 'lng': -95.4092944167996, 'rating': 1, 'lat': 29.7941687760981}
{'address': '4800 West Washington St S Broken Arrow, Oklahoma', 'created_at': '2017-08-26T17:56:08-04:00', 'description': 'M
any of us have been complaining regarding the fountains not working in Jackson park.after several complains including phone
calls the issue has not been resolved.We were told that parts had been ordered and it would take 6 weeks .I specifically hav
e been complaining over a year now.You do understand that still water gives rise to algae and can harbor toxins.\r\nThere a
re so many mosquitoes in our backyard.Its impossible to enjoy summer especially for senior citizens\r\n Please address this
issue ASAP', 'lng': -95.8494697, 'rating': 1, 'lat': 36.0319415}
{'address': '1209-1213 Walton Dr College Station, TX 77840, USA', 'created_at': '2017-08-26T17:55:30-04:00', 'description':
'Cars parking in yard', 'lng': -96.319630990152, 'rating': 2, 'lat': 30.6247616313137}
{'address': 'Calvert And Tunlaw Washington, District of Columbia', 'created_at': '2017-08-26T17:55:09-04:00', 'description':
'faded crosswalks at Calvert and Tunlaw NW. please repaint. thanks.', 'lng': -77.0747045, 'rating': 1, 'lat': 38.9225454}
{'address': '39 And Davis Nw Washington, District of Columbia', 'created_at': '2017-08-26T17:54:09-04:00', 'description': 'f
aded crosswalks at 39 and Davis NW. please repaint. thanks.', 'lng': -77.0772463, 'rating': 1, 'lat': 38.923624}
{'address': '300 East Brookland Park Boulevard Richmond, Virginia', 'created_at': '2017-08-26T17:52:20-04:00', 'description'
: 'Grass is taller than 4 foot fence. In yard and between sidewalk and curb.', 'lng': -77.429018, 'rating': 1, 'lat': 37.571
547}

5. 마지막으로, new_scf_data 배열에 새로 생성한 항목을 파이썬 배열의 append( )
   함수를 이용해서 추가해보자.

```
...
for old_entry in issues:
    new_entry = {}
    for variable in variables:
        new_entry[variable] = old_entry[variable]
    # print(new_entry)
    new_scf_data.append(new_entry)
```

append 함수는 파이썬 배열 객체에 .append()라고 붙여 써서 호출할 수 있다.

〈배열(array)_객체〉.append(〈추가할_값〉)

현재까지 작성된 process_data.py는 데이터 변수로부터 값을 추출해 파이썬 리스트 구조의 새 데이터 항목에 저장하지만, 프로그램이 종료되면 이 데이터는 사라진다. 나중에 사용할 수 있도록 데이터를 저장해두려면 수정된 데이터셋 파일을 생성해야 한다. 이제 파이썬에서 데이터를 JSON 파일로 기록하는 과정을 살펴보자.

## ▌ 수정된 데이터를 새 파일에 기록

새 파일은 쓰기 권한으로 파일을 열면 생성할 수 있다. 만약 지정한 경로에 해당하는 파일명이 존재하지 않는다면 그곳에 새 파일을 생성한다.

process_data.py 파일을 계속해서 살펴보자. data 폴더에 scf_output_data.json이라는 이름의 새 파일을 쓰기 권한으로 열자.

 파일을 쓰기 권한으로 열 때는 실수로 기존 파일을 덮어 쓸 수 있으므로 파일명을 작성할 때 주의하길 바란다. 또한 윈도우를 사용하는 경우에는 파일 경로의 구분자에 슬래시(/) 대신 두 개의 역슬래시(\\)를 사용해야 한다.

```
for issue in issues:
    new_issue = {}
    for variable in variables: ##
        new_issue[variable] = issue[variable] ##
    new_data.append(new_issue)

### 새 데이터를 새 파일에 기록 ###
```

```
outfile = open("data/scf_output_data.json","w")
outfile.close()
```

json.dump( ) 함수를 사용해서 데이터를 파일에 기록할 수 있다. json.dump( ) 함수는 file 객체와 파일로 기록될 파이썬 딕셔너리 또는 리스트 객체를 파라미터로 받는다. 또한 사람이 읽기 쉬운 형태로 저장하기 위해 indent 파라미터를 json.dump( ) 함수에 넘겨준다.

```
...
outfile = open("data/my_output_data.json","w")
json.dump(new_data, outfile, indent=4)
outfile.close()
```

 TIP  pretty 옵션은 텍스트 에디터를 이용해서 파일을 읽을 때 유용하다.

프로그램이 올바르게 동작한다면 data 폴더 내의 scf_output_data.json 파일에 내용이 기록된다. 출력 파일에는 새로운 JSON 데이터가 존재하며, 파일의 크기가 크지 않기 때문에 아톰과 같은 텍스트 에디터로 열어서 출력 값이 올바르게 작성됐는지 확인해볼 수 있다.

## ■ 터미널에서 입출력 파일명 지정

예제에서는 프로그램의 이름을 직접 지정해서 사용했지만, 터미널에서 프로그램을 실행하면서 지정하도록 구성할 수도 있다. 이 방법은 동일한 구조를 가진 여러 개의 데이터셋 파일을 처리해 서로 다른 이름으로 저장해야 할 경우에 특히 유용하다.

sys 모듈은 터미널에 입력한 파라미터가 어떤 문자열로 구성돼 있는지 확인할 수 있도록 한다. 어떤 방법으로 동작하는지 알아보기 위해 sys 모듈을 임포트하고 파라미터를 출력하는 간단한 프로그램 json_code.py를 작성해보자.

```
import sys
print(sys.argv)
```

python 명령어 뒤에 다음과 같은 파라미터를 붙여 프로그램을 실행해보자.

```
$python json_code.py arg1 arg2 asdf fdsa
```

프로그램을 실행하면 설정한 파라미터가 argv 리스트의 요소로 구성돼 있음을 확인할 수 있다.

즉 인수에 입력 파일과 출력 파일의 이름을 기록해두고 argv 리스트에 접근해서 사용하면 된다. 앞서 작성한 process_data.py의 내용을 그대로 복사해서 process_data2.py라는 새 프로그램을 만들고 입출력 파일명을 프로그램 실행 과정에서 터미널로부터 입력받아 지정하도록 수정해보자.

## 터미널에서 파일명 지정

1. sys 모듈을 임포트한다.

```
import json
import sys
inFile = open("data/input_data.json",'r')
scf_data = json.load(inFile)
```

...

2. 입력 파일명을 sys.argv[1]로 변경하고, 출력 파일명을 sys.argv[2]로 변경한다.

```python
import json
import sys
inFile = open(sys.argv[1],'r')
scf_data = json.load(inFile)
...
...
outfile = open(sys.argv[2],"w")
json.dump(new_data, outfile, indent=4)
outfile.close()
```

3. 프로그램을 다음과 같은 파라미터로 실행한다.

   윈도우에서는 다음과 같다.

```
$ python process_data.py data\\scf_data1.json data\\scf_output_data2.json
```

   맥 OS와 리눅스에서는 다음과 같다.

```
$ python process_data.py data/scf_data1.json data/scf_output_data2.json
```

## ▌ 요약

이번 장에서는 데이터 파일을 처리하기 위한 기본적인 프로그래밍 방법을 다뤘다. 먼저 파일 I/O를 다루며 파이썬 프로그래밍 언어가 어떤 방법으로 컴퓨터의 파일시스템과 연계되는지 살펴봤다. 또한 JSON 파일을 읽고 파싱하는 json 파이썬 모듈에 대해서도 살펴봤으며, 데이터 탐색 과정에서 데이터 파일의 내용을 살펴보고 처리하는 데 이용했다.

기본적인 데이터의 수정 방법 또한 다뤘다. 마지막으로 데이터를 파일에 기록하는 방법을 설명했다.

이 장에서 특히 중요한 내용은 데이터를 파싱하고 결과를 파일에 기록하는 과정이다. R 또는 pandas와 같은 프레임워크를 이용하면, 이 과정을 좀 더 직관적으로 쉽게 수행할 수 있다. 다음 장부터는 데이터의 탐색과 수정을 중점적으로 다루며, 데이터 입출력에 대해서는 거의 다루지 않는다. 프로그램에서 어떤 방법으로 파일을 다루는지 알아두면 데이터를 열고 파싱하고 기록하는 과정에서 많은 도움을 받을 수 있다.

다음 장에서는 이번 장의 내용을 확장해 파이썬으로 데이터를 처리하는 내용을 좀 더 깊이 있게 다룬다. 또한 널리 사용되고 있는 데이터 형식인 CSV와 XML 파일을 사용해본다.

# 04

# 데이터 입력, 탐색, 수정: 2부

이전 장에서는 외부 파일에서 데이터를 처리하는 작업에 파이썬 프로그래밍을 적용하는 방법을 배웠다. 이번 장에서는 앞 장에서 다룬 기술을 토대로 XML과 CSV 데이터 형식을 소개한다. CSV와 XML 파일을 처리하기 위한 파이썬 내장 도구 외에, 표 형식의 데이터를 다루기 위한 유명한 프레임워크인 pandas도 다루겠다. 이 장은 다음 절들로 구성된다.

- 이번 장 살펴보기
- CSV 형식 이해
- csv 모듈 소개
- CSV 데이터를 읽고 처리하기 위해 csv 모듈 사용
- CSV 데이터 기록을 위한 csv 모듈 사용
- 데이터를 읽고 처리하기 위해 pandas 모듈 사용

- 비표준 CSV 인코딩과 다이얼렉트 처리

- XML 이해

- XML 데이터 파싱을 위한 xml.etree.ElementTree 모듈 사용


## ▌ 이번 장 살펴보기

이번 장에서는 각각 네 개의 프로그램을 사용해 네 개의 프로젝트를 다룬다. 프로젝트는
다음과 같다.

- csv_intro.py: 파이썬 내장 csv 모듈 소개

- pandas_intro.py: pandas 모듈 소개

- json_to_csv.py: CSV 데이터 처리 실습

- xml_to_json.py: xml.etree.ElementTree 모듈 소개와 XML 데이터 처리 실습

각 프로젝트의 완성 코드는 외부 리소스의 코드 폴더에 있다. 모든 외부 리소스는 https://
goo.gl/8S58ra에서 다운로드할 수 있다.


### 파일시스템 설정

실습을 하려면 ch4라는 프로젝트 폴더를 만들고 모든 코드와 데이터를 복사해야 한다. 이
번 장에서는 프로젝트와 실습에 관한 다양한 프로그램과 입력 데이터셋, 출력 데이터셋을
다룬다. 정리를 위해 이번 장의 코드를 담을 추가적인 폴더를 만들었다. 또한 출력 데이터
에서 입력 데이터를 구분하기 위해 데이터 폴더를 나눴다. 마지막으로, 파일 구조와 설명
에 대한 메모를 저장하기 위해 폴더를 만들었다. 다음은 사용할 파일 구조다.

---

```
ch4/
-->code/
---->csv_intro.py
```

```
---->pandas_intro.py
---->json_to_csv.py
---->xml_to_json.py
-->data/
---->input_data/
------>scf_extract.json
------>roads_by_country.csv
------>wikipedia.xml
---->output_data/
---->notes/
------>roads_by_country.txt
------>wikipedia.txt
```

다른 파일 구조를 사용하는 경우 프로그램의 파일 경로가 책에서 사용한 경로와 다를 수 있다.


## 데이터

이번 장에서는 세 가지 데이터셋을 사용한다. 첫 번째인 scf_extract.json은 3장, '데이터 입력, 탐색, 수정: 1부'에서 다룬 실습의 출력이다. 두 번째인 artificial_roads_by_region.csv는 서로 다른 지역에 있는 모든 도로의 총길이를 저장한 인공 데이터셋이다. 세 번째 데이터셋은 데이터 조작에 관한 위키피디아 게시물의 검색 결과가 포함된 XML 파일이다. 이 데이터는 위키피디아 검색 API에서 얻었다. 자세한 내용은 데이터셋과 함께 제공한다. 모든 데이터셋은 외부 리소스(https://goo.gl/v4dLc3)에 있는 데이터 폴더에서 다운로드할 수 있다. 데이터는 이번 장의 프로젝트 디렉터리에 있는 data/input_data 폴더에 저장해야 한다.


## pandas 설치

앞서 언급했듯이 이번 장에서는 pandas에 대해 간략히 소개한다. pandas는 표 형식의 데이터를 처리하기 위한 유명한 프레임워크다. 실습을 하기 위해서는 pandas 모듈을 설치해야 한다. 외부 리소스의 '설치' 문서 안에 설치 지침 링크를 적어뒀다.

## CSV 형식 이해

CSV는 쉼표로 구분된 값을 나타내며, 표 형식의 데이터를 저장하는 데 사용하는 파일 형식이다. 예상했듯이 CSV 파일은 쉼표로 구분한 텍스트 값으로 구성된다.

CSV 파일에서 각 데이터 항목은 한 줄로 표시한다(또 다른 방법을 소개하자면, 대부분의 텍스트 편집기에서 줄 바꿈 문자가 보이지는 않지만 각 줄을 줄 바꿈 문자 '\n'으로 구분하는 것이다).

관례적으로 CSV 파일의 첫 번째 행에는 열 헤더 또는 각 열의 이름이 들어있다. 이어지는 각 행에서 각 값의 위치는 해당 값이 속한 데이터 변수에 따라 달라진다. 즉, 행의 첫 번째 값은 첫 번째 열 헤더에 해당하고 두 번째 값은 두 번째 열 헤더에 해당하는 방식이다. 다음 예는 CSV 파일의 문법을 보여준다.

```
<header1>, <header2>, <header3>, <header4>, <header5>
<value1>, <value2>, <value3>, <value4>, <value5>
<value1>, <value2>, <value3>, <value4>, <value5>
<value1>, <value2>, <value3>, <value4>, <value5>
<value1>, <value2>, <value3>, <value4>, <value5>
```

 CSV 형식은 스프레드시트의 가장 기본적인 버전이라고 생각할 수 있다. 사실 대부분의 스프레드시트 프로그램은 CSV 파일을 열고 편집할 수 있다. 물론 CSV 파일로 표현할 수 없는 스프레드시트 기능(예: 수식)이 있지만, 엑셀(Excel)과 같은 스프레드시트 프로그램에서 가져온 데이터를 처리할 때 종종 유용하다. 이 작업은 CSV 형식으로 저장하거나 내보내는 방법을 통해 수행할 수 있다.

파이썬에서 CSV 데이터를 처리하는 두 가지 방법이 있다. 첫 번째는 파이썬에 내장된 csv 모듈을 사용하는 것이다. 두 번째는 pandas라는 외부 모듈을 사용하는 것이다. 다음 실습에서는 사용 사례에 따라 두 방법을 모두 사용할 수 있기 때문에 이 두 가지를 모두 소개한다.

## ▎ csv 모듈 소개

csv 모듈은 CSV 데이터를 반복적으로 처리하도록 설계됐다. 데이터를 다 읽은 후 처리하는 대신 csv 모듈은 한 줄씩 데이터를 읽고 처리하도록 설계됐다.

이것은 효율성 측면에서 의미가 있다. 데이터를 전체적으로 읽는 것보다 항목별로 데이터 항목을 읽고 조작하는 것이 메모리와 시간이 더 적게 든다. 이러한 이유 때문에 csv 모듈은 너무 커서 메모리로 읽어들일 수 없는 매우 큰 데이터 파일을 처리하는 데 적합하다.

또한 csv 모듈은 내장돼 있기 때문에 모든 파이썬 설치에서 동작하므로 이전하기가 쉽다. 이것은 pandas 모듈이 아닌 csv 모듈의 장점이기 때문에 언급할 만한 가치가 있다.

다음 실습은 csv 모듈을 사용해 데이터를 읽고 처리하는 방법을 보여준다.

## ▎ CSV 데이터를 읽고 처리하기 위해 csv 모듈 사용

첫 번째 실습에서는 artificial_roads_by_region.csv 파일을 읽어들여 2011년 당시 총 도로 길이를 예측한다.

csv 모듈을 사용하는 첫 번째 단계는 다음과 같이 모듈을 가져오는 것이다.

```
import csv
```

다음 단계는 3장, '데이터 입력, 탐색, 수정: 1부'에서 사용한 과정과 비슷하게 데이터가 들어있는 파일을 여는 것이다. 이번 장의 코드 위치는 기본 디렉터리에서 한 디렉터리 위에 있었음을 기억하자. 즉, 데이터 경로에서 맥 OS나 리눅스의 경우 ../를, 윈도우의 경우 ..\를 사용해 하나의 디렉터리를 되돌아가야 한다. 다음 예제에서는 open( ) 함수를 사용해 읽기 권한을 사용함으로써 artificial_roads_by_region.csv를 읽어오는 csv_intro. py라는 파이썬 스크립트를 만든다.

```
import csv
## 데이터를 담고 있는 파일을 연다
fin = open("../data/input_data/artificial_roads_by_region.csv","r",newline="")
```

 새로운 파라미터인 newline=""이 open() 함수에 추가됐음을 알 수 있다. 이것은 https://docs.python.org/3/library/csv.html#id3의 도움말에서 설명한 모범 사례를 반영한다.

3장, '데이터 입력, 탐색, 수정: 1부'에서는 JSON 데이터를 읽을 때 json 모듈을 파일 객체와 함께 사용해 모든 데이터를 한 번에 읽을 수 있었다. 마찬가지로 csv 모듈은 파일 객체를 사용해 데이터를 읽지만 모든 데이터를 한 번에 읽을 수는 없다. 대신 csv. DictReader( ) 함수는 파라미터로 파일 객체를 사용하며 CSV 데이터를 한 줄씩 읽고 파싱하는 Reader 객체를 반환한다.

csv_intro.py 다음 부분에서 Reader 객체를 생성하는 방법을 알 수 있다.

```
import csv
## 데이터를 담고 있는 파일을 연다
fin = open("../data/input_data/artificial_roads_by_region.csv","r",newline="")
## 파일 객체 'fin'을 사용해 csv 리더를 만든다
reader = csv.DictReader(fin)
```

CSV 리더는 파이썬 이터러블이라 불리는 것으로, for 반복과 함께 사용할 때 배열처럼 동작하는 객체다. csv 모듈을 사용할 때 CSV 파일은 for 루프를 사용해 해당 리더 객체를 반복해 읽거나 파싱한다. 다음 예제와 같이 for 반복을 사용해 처리한다.

```
for row in <reader>:
    <do something with row...>
```

DictReader에서 Dict는 사전을 의미한다. 뒤에서 리더 개체는 각 행을 하나씩 파이썬 사전 Dict로 파싱한다. 키는 열 헤더에 해당하며 값은 행 값에 해당한다.

 csv 모듈에는 데이터를 행 단위로 파싱하는 기본 리더가 있지만, 사전 리더가 이 프로젝트에 더 적합하다.

reader 객체에서 열 헤더를 검색하려면 reader.fieldnames 값을 사용한다. 다음 csv_intro.py 부분은 CSV 파일의 열 헤더를 출력한다.

```
....
reader = csv.DictReader(fin)
## 열 헤더 출력
print("column headers:")
print(reader.fieldnames)
fin.close()
```

csv_intro.py를 실행할 때 다음과 같이 열 헤더가 출력돼야 한다.

먼저 프로젝트에 대한 노트에 헤더를 적어두자. 이 정보는 각 행의 개별 필드에 접근할 때 사용한다.

그런 다음 for 반복을 만들어 데이터를 읽어올 수 있다. CSV 모듈을 사용할 때 추천하는 첫 번째 단계는 처음 10개의 행 정도를 출력하는 것이다. 이렇게 하면 잘 모르는 데이터 인 경우 각 열의 데이터 유형을 식별하는 데 도움이 될 수 있고, 특히 NA 값(누락됐거나 사용할 수 없는 값)을 표현하는 방식을 식별하는 데 도움이 된다. 2011년의 총 도로 길이를 계산하려면 NA 값을 인식하고 건너뛸 필요가 있다. 다음 csv_intro.py 부분에서 reader. line_num 속성을 사용해 줄 번호를 확인하고 첫 10줄을 출력한다.

---

```
....
print(reader.fieldnames)

total_roads=0
## CSV 파일에 있는 각 행을 반복한다
print("first 10 values of the 2011 column:")
for row in reader:
    ## 2011년의 첫 10개 값을 출력한다
    if reader.line_num <= 11:
```

```
    print(row["2011"])

fin.close()
```

이 단계에서 csv_intro.py를 실행하면 다음과 같은 결과가 나타난다.

출력에서 알 수 있는 두 가지 사항이 있다. 첫 번째로, 숫자는 소수점 자릿수가 있는 문자열로 서식이 지정됨을 알 수 있다. 숫자는 항상 CSV 파일의 문자 시퀀스로 인코딩되지만 숫자가 문자열이라는 것은 출력 결과로부터 바로 파악할 수 없다. type(row["2011"])을 입력하는 값 대신 데이터 유형을 출력해 이를 확인할 수 있다. 값을 추가하기 위해 숫자 문자열을 파이썬의 실수 유형으로 변환해야 한다.

두 번째로 주목해야 할 점은 NA 값이 빈 문자열 형식을 취한다는 것이다. 즉, 값을 추가할 때 NA 값을 나타내는 빈 문자열은 건너뛴다.

> CSV 데이터를 읽고 파싱하기 위한 반복을 만든 후에 데이터를 처리하기 위한 방법 중 하나로 다음과 같이 중첩 배열을 만들어 데이터를 저장한다.
>
> myData = [[⟨value1⟩],[⟨value2⟩],[⟨value3⟩],
>
>     [⟨value1⟩],[⟨value2⟩],[⟨value3⟩],
>
>     [⟨value1⟩],[⟨value2⟩],[⟨value3⟩],
>
>     ....
>
> ]
>
> 이 방법도 가능하지만 CSV 모듈의 효율성을 활용하지는 못한다. 일반적으로는 데이터를 읽는 데 사용하는 반복 안에서 분석하거나 처리하는 것이 좋다. 이것은 코드를 더 간단하고 효율적으로 만든다.

이 프로젝트의 목표는 2011년 현재 총 도로 길이를 계산하는 것이다. 많은 데이터 항목이 누락돼 있기 때문에 이는 매우 대략적인 추정이 될 것이다. 6장, '수치 데이터 정리: R과 Rstudio 소개'에서 R을 사용해 수치 데이터를 정리하고 좀 더 좋은 추정치를 얻는 방법을 다루겠다. 지금은 사용 가능한 모든 값들을 단순히 추가해 작업한다.

다음 csv_intro.py 부분에서 total_roads라는 변수를 만든다. 이전 단계에서 다룬 for 반복의 각 반복 단계에서 먼저 각 행의 2011년도 값이 빈 문자열(NA 값인 경우)인지 확인한다. 값이 빈 문자열이 아닌 경우 문자열 데이터 유형에서 실수 유형으로 변환한 후 total_roads 변수에 추가한다. 이 방법으로 도로 전체 길이를 모든 지역에 걸쳐 집계한다.

```
....
print(reader.fieldnames)

total_roads=0
## CSV 파일에 있는 각 행을 반복한다
print("first 10 values of the 2011 column:")
for row in reader:
    ## 2011년의 첫 10개 값을 출력한다
    if reader.line_num <= 11:
```

```
        print(row["2011"])
    if row["2011"] != "":
        total_roads+=float(row["2011"])

print("total length of roads as of 2011:")
print(total_roads)

fin.close()
```

이 단계에서 csv_intro.py를 실행하면 다음과 같은 결과가 나타난다.

이 예제는 csv 모듈을 사용해 데이터를 읽는 과정을 보여준다. 다음 절에서는 csv 모듈을 사용해 csv 파일에 데이터를 쓰는 방법을 다룬다.


## CSV 데이터 기록을 위한 csv 모듈 사용

다음 예제에서는 앞 장의 출력 데이터를 읽어오고 이를 CSV 형식으로 변환한다.

시작을 위해 csv 모듈과 json 모듈을 모두 사용하는 json_to_csv.py라는 파일을 만든다.

json_to_csv.py 파일에서 csv 모듈과 json 모듈을 모두 가져와서 scf_extract.json 파일의 JSON 데이터를 파이썬 리스트로 읽어온다.

```
import csv
import json

## 입력 json 데이터를 읽어온다
fin = open("../data/input_data/scf_extract.json","r")
json_data = json.load(fin)
fin.close()
```

csv 모듈을 사용해 CSV 데이터를 기록하는 것은 CSV 모듈을 사용해 데이터를 읽는 것과 다소 비슷하다. 쓰기 권한이 있는 파일을 열고 이 파일 객체를 사용해서 writer 객체를 만들 수 있다. 이 작업은 csv.writer() 함수를 사용한다. writer 객체의 writerow() 함수는 값의 배열을 가져와서 출력 파일의 한 행에 쓴다.

이전 장에서 추출한 데이터 항목은 사전 배열 형식을 취한 것이다. 이것을 시각적으로 표현하면 데이터의 구조는 다음과 같다.

```
[
    {<key1>:<value1>,<key2>,<value2>,...},
    {<key1>:<value1>,<key2>,<value2>,...}
    {<key1>:<value1>,<key2>,<value2>,...}
    ...
]
```

scf_extract.py를 CSV 형식으로 변환하려면 각 데이터 항목을 파이썬 리스트로 변경해야 한다. 여기서 값들은 고정된 순서를 갖는다. 파이썬 사전과 JSON 키-값 쌍이 반드시 고정된 순서일 필요는 없다. 열 헤더에 해당하는 값을 고정 순서로 유지하기 위해 여기서 사용한 방법은 열 헤더의 배열을 만드는 것이다. 각 데이터 항목에 대해 열 헤더 배열을 사용해 각 값을 순서대로 추출하고 값 배열에 저장한다.

먼저 다음 csv_to_json.py 부분에서 첫 번째 데이터 항목(데이터셋의 데이터 변수에 해당)의 키가 파이썬 리스트에 저장된다. 이 파이썬 리스트는 출력 파일의 열 헤더에 대한 참조로 사용한다.

```
....
json_data = json.load(fin)
fin.close()
## 열 헤더를 사용하기 위해
## 데이터 변수 배열을 가져온다
keys = json_data[0].keys()
```

다음으로 쓰기 권한이 있는 출력 파일이 열리고, 해당 파일 객체는 writer 객체를 만드는 데 사용된다. writer.writerow() 함수는 첫 번째 행(열 헤더 포함)을 출력 파일에 쓰는데 사용된다.

```
....
keys = json_data[0].keys()

## 쓰기 권한으로 출력 파일을 열고
## writer 객체를 만든다
fout = open("../data/output_data/scf_extract.csv","w")
writer = csv.writer(fout)
writer.writerow(keys)
fout.close()
```

마지막 단계는 json_data 변수의 각 항목을 반복하는 것이다. 원본 데이터셋의 각 데이터 항목은 사전에서 파이썬 리스트로 변환돼 출력 CSV 파일에 기록된다.

다음 json_to_csv.py 부분에서 for 반복을 만들어 JSON 데이터셋의 항목들을 반복한다. 중첩 for 반복에서 각 데이터 변수는 하나씩 추출되고 고정 순서로 파이썬 리스트에 기록된다. 결과 파이썬 리스트는 그다음 출력 CSV 파일의 행에 기록한다.

```
....
writer.writerow(keys)
## json 데이터를 반복하면서 데이터 변수를 추출해
## 고정 순서 리스트에 각 데이터 항목을 기록한 후
## 출력 파일에 기록
for entry in json_data:
    row=[]
    for key in keys:
        row.append(entry[key])
    writer.writerow(row)

fout.close()
```

CSV 모듈에 대해 배워봤다! 더 많은 것을 알고 싶다면, 외부 리소스의 '링크 및 추가 읽기' 문서에 더 활용할 수 있는 csv 모듈 문서 링크를 기록해뒀으니 활용하자.

다음 절에서는 표 형식 데이터를 처리하기 위해 다른 접근법을 사용하는 pandas 모듈에 대해 알아본다. 또한 2011년 당시 도로 길이의 합계를 계산해 차이점들을 확인해본다.

## ▌ 데이터를 읽고 처리하기 위해 pandas 모듈 사용

pandas는 표 형식의 데이터를 손쉽게 조작하고 분석할 수 있는 도구 집합이다. 이 도구에는 데이터프레임dataframe이라고 하는 표 형식의 데이터를 표현하고 조작하기 위한 객체가 있다. 데이터프레임을 사용하면 데이터에 적용할 행이나 열 단위 연산을 표현할 수 있다. pandas는 데이터 처리 작업을 간소화하고 코드 라인을 줄이며 프로세스를 좀 더 직관적으로 만들어준다.

### 2011년 총 도로 길이 다시 계산

다음 데모에서는 도로 길이를 열거하는 동일한 문제를 다룬다. 이번에는 pandas를 사용한다. 시작하기 위해 다음과 같이 pandas 모듈을 가져오는 pandas_intro.py 파일을 만든다.

```
import pandas
```

pandas 모듈을 사용해 CSV 데이터를 읽는 것은 매우 간단하다. pandas에서는 파일을 여는 과정과 데이터를 읽어오고 파싱하는 과정이 결합돼 있다. pandas 모듈을 사용해 CSV 파일을 읽으려면 `pandas.read_csv()` 함수를 사용한다. `pandas.read_csv()` 함수는 파일 경로를 입력으로 받아 pandas 데이터프레임을 반환한다. pandas_intro.py 다음 부분에서 `pandas.read_csv()` 함수는 artificial_roads_by_region.csv의 데이터를 roads라는 pandas 데이터프레임으로 읽는 데 사용한다.

```
import pandas
## csv 파일을 pandas 데이터프레임으로 읽어온다
roads = pandas.read_csv("../data/input_data/artificial_roads_by_region.csv")
```

다음 단계에서는 pandas_intro.py에 몇 줄을 추가한 후 Python `list()` 함수를 사용해 데이터프레임의 열 헤더를 출력한다. `list()` 함수는 항목들을 파이썬 리스트로 변환한다. pandas 데이터프레임과 함께 사용하면 `list()` 함수는 데이터프레임의 열 헤더가 있는 파이썬 리스트를 반환한다.

```
import pandas
## csv 파일을 pandas 데이터프레임으로 읽어온다
roads = pandas.read_csv("../data/input_data/artificial_roads_by_region.csv")

## 열 헤더를 출력한다
print("column headers:")
print(list(roads))
```

pandas에서 열은 키 값들을 사용해 사전을 인덱싱하는 것과 비슷하게 열 이름을 사용해 인덱싱할 수 있다. 다음 pandas_intro.py 부분에서는 2011년 열을 데이터프레임에서 선택해 출력한다. pandas 데이터프레임에서 선택한 각 열들은 데이터프레임과 유사하게 동작하는 pandas 시리즈series라는 조금 다른 객체다.

```
....
# print(list(roads))

## 2011년 도로 정보를 추출한다
roads_2011 = roads['2011']
print(roads_2011)
```

pandas 데이터프레임이나 시리즈를 출력하면 각 열의 시작과 끝을 출력해 터미널이 넘치지 않도록 한다. 다음은 이 단계에서 pandas_intro.py를 실행한 결과다.

출력된 값 중 몇 개의 유형이 NA임을 알 수 있다. pandas는 자동으로 빈 문자열을 감지하고 NA 값에 대해 자체 데이터 유형을 할당하기 때문이다. 이 예제에서는 pandas가 자동으로 건너뛰기 때문에 NA 값을 제거할 필요가 없다.

pandas 데이터 유형 간 변환은 dataframe.astype( )이나 series.as_type( ) 함수를 사용해 수행할 수 있다. 함수는 변환할 데이터 유형을 나타내는 문자열을 입력으로 사용한다. 앞 예제에서 2011년 열<sup>column</sup>은 원래 문자열 데이터 타입이었기 때문에 float 데이터 타입으로 변환해야 한다는 것을 기억하자. 다음 pandas_intro.py에서 roads_2011 시리즈의 값은 문자열 데이터 유형에서 실수 유형으로 변환한다.

```
print(roads_2011)
## 데이터 유형을 문자열에서 실수로 변환한다
roads_2011_2 = roads_2011.astype('float')
```

데이터를 변환하고 나서 마지막 단계는 roads_2011_2 열의 모든 값을 더하는 것이다. series.sum( ) 함수나 dataframe.sum( ) 함수는 pandas 데이터프레임이나 pandas 시리즈의 값의 합계를 구하는 데 사용한다. 둘 다 NA 값을 자동으로 건너뛴다. pandas_intro. py 다음 부분에서 2011년에 해당하는 열 값의 합계를 계산한다.

```
....
roads_2011_2 = roads_2011.astype('float')
## 2011년 값들의 합계를 구한다
total_2011 = roads_2011_2.sum( )
print("total length of roads as of 2011:")
print(total_2011)
```

이 단계에서 pandas_intro.csv를 실행하면 다음 결과가 출력된다.

pandas는 또한 열 이름 배열을 사용해 여러 열을 한 번에 선택할 수 있다. 다음 pandas_intro.py 부분에서는 지역 이름과 숫자가 아닌 열을 제외한 모든 열을 포함하는 새로운 데이터프레임을 만든다.

```
....
# print(total_2011)
## 추출할 열의 리스트를 만든다
columns = ["2011","2010","2009","2008","2007","2006","2005","2004","2003","2002",
"2001","2000"]
## 수치 데이터 변수를 추출한다
roads_num = roads[columns]
```

다른 방법으로 앞 단계는 특정 열이나 행 집합을 삭제하는 dataframe.drop() 함수를 사용해 좀 더 간결하게 표현할 수 있다. 다음은 지역 이름 열을 제거하는 더 간결한 방법이다.

```
## 더 간결한 방법
roads_num = roads.drop("region name",axis=1)
```

마지막으로 dataframe.sum( ) 함수를 사용해 한 번에 여러 열의 합계를 구할 수 있다. 다음 pandas_intro.py 부분에서 매년의 총합계를 동시에 구한다.

```
.....
roads_num = roads.drop("region name",axis=1)

## 모든 열에 대해 세로축으로 합계를 구함
total_by_year=roads_num.sum(0)

print("total road length by year:")
print(total_by_year)
```

세로축을 따라 합계를 구해야 한다는 것을 명시하기 위해 dataframe.sum( ) 함수에 파라미터를 전달한다.

이 단계에서 pandas_intro.py를 실행하면 각 열들의 합계가 출력된다.

이것이 pandas에 대한 내용이다! pandas 모듈이 파이썬에서 동작하는 방식은 표 형식의 데이터를 R로 표현하고 처리하는 방식과 조금 비슷하다. 6장, '수치 데이터 정리: R과 RStudio 소개'에서 R을 배우면 더 명확해질 것이다. pandas 모듈의 많은 기능이 R과 비슷하기 때문에 여기서 간단히 다뤘다. pandas에 대해 더 자세히 알고 싶다면, 외부 리소스의 '링크 및 추가 읽기' 문서에서 제공하는 pandas 문서 관련 링크를 참고하자.

## 비표준 CSV 인코딩과 다이얼렉트 처리

대부분의 CSV 데이터는 이제 파이썬에서 기본적으로 사용하는 표준 유니코드 형식을 사용해 인코딩한다. 하지만 때때로 더 오래된 인코딩 형식의 데이터 파일을 마주칠 수도 있다. 비표준 인코딩을 사용한 데이터를 올바르게 읽어오고 처리하려면 파일 객체를 만드는 open( ) 함수를 호출할 때 인코딩을 지정해야 한다. pandas.read_csv( ) 함수는 비표준 인코딩의 지정을 허용한다. 외부 리소스의 '링크 및 추가 읽기' 문서에서 파이썬이 지원하는 인코딩 형식 관련 링크를 참조하자.

또한 값을 구분하는 데 사용되는 문자인 구분 기호, 줄 끝을 나타내는 데 사용하는 줄 바꿈 문자, 몇 가지 기타 형식 지정 속성을 갖는다. 이러한 변형을 총칭해 CSV 다이얼렉트csv dialect라고 한다. pandas.read_csv( ) 함수와 csv.reader( )에는 모두 현재 읽거나 쓰고 있는 CSV 파일의 형식 속성에 변형을 지정할 수 있도록 하는 파라미터가 있다. 외부 리소스의 '링크 및 추가 읽기' 문서에는 참고할 만한 도움말 관련 링크가 포함돼 있다.

## XML 이해

JSON과 같이 XML은 중첩된 데이터 구조를 갖는 계층적 데이터 형식이다. HTML로 작업해본 적이 있다면 HTML의 기본 구조와 구문에 익숙할 것이다.

XML 데이터셋은 중첩된 요소들의 트리로 구성하며 각 요소는 특정 값을 갖는 텍스트, 또 다른 요소, 추가 요소들의 집합을 포함할 수 있다. 트리의 각 요소는 요소를 설명하는 여러 속성을 포함할 수도 있다.

각 요소는 시작 태그와 종료 태그로 표현한다. 여는 태그는 XML 요소의 시작을 나타내며, 꺾쇠 괄호 안에 태그 이름을 써서 작성한다. 다음은 XML 여는 태그의 형태다.

```
<tagname>
```

닫는 태그는 여는 태그 다음에 오고 요소의 끝을 나타낸다. 이름 앞에 / 기호가 있는 꺾쇠 괄호 안에 태그 이름을 지정해 작성한다. 다음은 XML 닫는 태그의 형태다.

```
</tagname>
```

 이 책의 다른 부분에서 꺾쇠 괄호는 일부 값이나 파라미터의 플레이스홀더로 사용한다. 이전 예제처럼 XML을 일반적으로 표시할 때 꺾쇠 괄호는 XML 문법의 일부로 문자 그대로 해석한다.

마지막으로 중첩 요소는 부모 요소의 여는 태그와 닫는 태그 사이에 XML 요소를 작성한다. 다음은 속성을 갖는 요소의 여는 태그를 표현한 것이다.

```
<tagname attribute1="value1" attribute2="value2">
```

마지막으로 XML 요소 내부의 중첩 요소는 부모 요소의 여는 태그와 닫는 태그 사이에 작성한다. 이를 사람이 읽을 수 있도록 하기 위해 중첩된 요소는 일반적으로 추가적인 수준의 들여쓰기로 다른 줄에 작성한다.

다음은 일반적인 XML 문서의 예시다.

```
<XMLdocument>
    <metadata>
        <timecreated>
```

```
            5:00 AM
        </timecreated>
    </metadata>
    <dataformats>
        <dataformat type='hierarchical'>
            JSON
        </dataformat>
        <dataformat type='hierarchical'>
            XML
        </dataformat>
        <dataformat type='tabular'>
            CSV
        </dataformat>
    <dataformats>
</XMLdocument>
```

## XML과 JSON 비교

XML과 JSON은 모두 계층 데이터를 표현하는 데 사용한다. 하지만 JSON은 데이터를 저
장하고 배포하는 수단으로 점차 대중화됐다. JSON은 웹 개발에 중요한 프로그래밍 언어
인 자바스크립트<sup>JavaScript</sup>와 더 잘 호환된다. 즉, 여러 가지 현재와 기존의 데이터 소스는
XML에서만 사용할 수 있으므로 XML을 사용하는 방법을 아는 것이 유용하다.

다음 절에서는 XML 데이터를 처리하는 데 사용하는 파이썬 xml.etree.ElementTree 모
듈을 간략히 소개한다.


# ▌ XML 데이터 파싱을 위한 xml.etree.ElementTree 모듈 사용

다음 절에서는 파이썬을 사용해 기본 프로젝트에서 XML 데이터를 파싱하고 처리함으로
써 XML에서 JSON으로 데이터셋을 변환하는 몇 가지 단계를 살펴본다.

파이썬에서 XML은 트리 구조로 표현하고 xml.etree.ElementTree 모듈을 사용해 파싱한다. 이 트리를 탐색하는 것은 JSON 데이터의 구조를 탐색하는 것보다 좀 더 복잡하다. XML 구조가 파이썬의 데이터 구조와 완벽히 맞지는 않기 때문이다.

XML 데이터를 처리하는 첫 번째 단계는 다음 단계들을 거쳐 xml.etree.ElementTree 모듈을 사용해 XML 데이터를 파이썬에서 트리와 유사한 XML 표현으로 읽는 것이다.

1. xml.etree.ElementTree 모듈을 가져온다.
2. XML 데이터가 있는 파일을 연다.
3. ElementTree.parse( ) 함수를 사용해 ElementTree 객체를 만든다.
4. ElementTree 객체의 .getroot 함수를 사용해 요소 트리의 루트를 나타내는 요소 객체를 반환시킨다.

결과는 루트 요소나 XML 트리의 기본 요소에서 시작해 탐색할 수 있는 파이썬 XML 데이터 표현이다. 다음 예제에서는 xml_to_json.py라는 파이썬 스크립트를 작성한다. xml_to_json.py는 이번 장의 XML 데이터셋을 열고 데이터를 파싱한 후 루트 요소로 이동한다.

```
import json
from xml.etree import ElementTree

fin = open("../data/input_data/wikipedia.xml","r")
tree = ElementTree.parse(fin)
root = tree.getroot()

fin.close()
```

앞 예제의 끝에 있는 root 변수는 요소 객체다. 구체적으로 트리의 출발지 요소를 나타내는 요소 객체다.

요소 객체는 파이썬이 XML 요소를 표현한 것으로, 사전과 파이썬 리스트로 JSON 구조를 표현한 것과 유사하다. 요소 객체를 사용하면 특정 요소의 속성, 내부 텍스트, 자식 요소에 접근해 XML 트리를 탐색할 수 있다.

루트 요소를 나타내는 요소 객체를 가져오면 다음 단계는 문서 루트에서 찾고 있는 데이터를 갖고 있는 XML 부분으로 이동하는 것이다. JSON 데이터와 마찬가지로 XML 데이터 소스는 종종 데이터셋의 구조와 내용을 설명하는 데 유용한 도움말을 제공한다. 하지만 특정 데이터셋에 대한 도움말을 사용할 수 없는 경우 데이터 구성 방법을 찾기 위해 데이터셋을 빠르게 탐색하는 것이 도움이 된다.

element 객체의 element.getchildren() 함수는 특정 요소의 자식 요소인 요소 객체의 배열을 가져오는 데 사용한다. 다음 몇 단계에서는 element.getchildren()을 사용해 XML을 탐색하고 XML 데이터의 내용을 다양한 수준으로 표현한다. 이 탐색은 앞 장에서 JSON 데이터를 탐색하는 데 사용한 탐색과 비슷하다. 목표는 모든 메타데이터 내에서 데이터셋의 핵심 콘텐츠를 찾는 것이다.

다음 xml_to_json.py 부분에서는 element.getchildren() 함수를 사용해 루트 요소의 하위 요소를 탐색한다. 그런 다음 하위 요소들을 출력한다.

```
....
root = tree.getroot()
## 긴 리스트를 얻기 위해
## 요소 트리를 탐색한다
data = root.getchildren()
print(data)

fin.close()
```

이 단계에서 xml_to_json.csv를 실행하면 다음 결과가 출력된다.

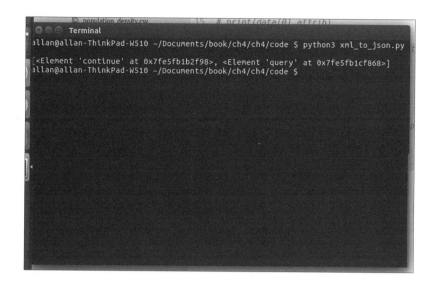

출력 결과에서 자식 요소의 리스트에 있는 각 요소의 태그 이름을 확인할 수 있다. 파이썬의 자식 요소 리스트에서 인덱스를 선택해 하위 요소 중 하나를 확장할 수 있다. 결과는 선택한 하위 요소를 나타내는 요소 객체다. 다음은 루트 요소의 두 번째 자식 요소의 자식 요소를 확장하는 방법을 보여준다.

```
data = root.getchildren()[1].getchildren()
```

XML 파일의 내용이 너무 커서 텍스트 편집기에서 열 수 없는 경우 이 방법은 원시적이지만 XML 파일의 내용을 탐색하는 데 효과적이다.

다음의 xml_to_json.py 부분은 자식을 거쳐 탐색을 몇 번 반복한 후에 관련 데이터가 포함돼 있는 비교적 긴 요소 리스트를 만든다.

```
....
## 긴 리스트를 얻기 위해
## 요소 트리를 탐색한다
data = root.getchildren()[1].getchildren()[1].getchildren()
```

```
print(data)

fin.close()
```

이 단계에서 xml_to_json.csv를 실행하면 다음과 같이 요소 객체 리스트가 출력된다.

XML 데이터를 탐색하고 파싱하는 데 유용한 요소 객체의 두 가지 기능이 더 있다. 첫 번째는 요소 객체의 `element.tag` 값으로, 요소의 태그를 포함하는 문자열이다. 두 번째는 요소 객체의 `element.attrib` 값으로, 키가 속성 이름에 해당하고 값이 속성 값에 해당하는 사전이다.

xml_to_json.py의 이 단계에서 data 변수는 XML 데이터의 데이터 개체 리스트에 해당하는 요소 객체 리스트를 갖고 있다. 다음 xml_to_json.py에서 태그 이름과 첫 번째 요소의 속성을 출력한다.

```
....
data = root.getchildren()[1].getchildren()[1].getchildren()
# print(data)
```

```
print("item_tag:")
print(data[0].tag)
print("item_attributes:")
print(data[0].attrib)

fin.close()
```

이 단계에서 xml_to_json.py를 실행하면, 각 요소의 .attrib 값 중 키가 데이터 변수에 해당하고 값이 데이터 값에 해당하는 사전임을 알 수 있다. 즉, JSON으로 변환하는 것은 각 요소의 .attrib 값을 탐색하고 결과를 배열에 저장하는 것이다. 결과 배열은 json 모듈을 사용해 출력 JSON 파일에 저장할 수 있다.

다음 xml_to_json.py에서 json_data라는 배열을 생성한다. for 반복은 각 요소 오브젝트들을 반복하고 각각의 .attrib 값을 탐색해 json_data 배열에 결과 사전을 각각 저장한다. json_data 배열은 wikipedia.json이라는 JSON 파일에 저장한다.

```
....
# print(data[0].attrib)

## xml 데이터를 반복하면서
## 각 개체를 변환해 json 형식으로 변환한다
json_data=[]
for entry in data:
    json_data.append(entry.attrib)

## 새로운 데이터를 json 파일에 저장한다
fout = open("../data/output_data/wikipedia.json","w")
json.dump(json_data,fout,indent=4)
fin.close()
fout.close()
```

xml_to_json.csv를 실행하면 output_data 폴더에 JSON 버전의 데이터를 생성한다!

이 예제는 XML 데이터 처리에 대한 개략적인 소개였다. xml.etree.ElementTree 모듈과

파이썬에서의 XML 처리에 대해 더 자세히 알고 싶다면 외부 리소스의 '링크 및 추가 읽기'
문서에서 제공하는 링크를 활용한다.

## Xpath

XPath는 XML 데이터를 효율적으로 탐색하기 위한 언어로, XML 데이터를 많이 사용해
야 하는 일부 프로젝트에 유용하다. XPath는 경로와 같은 표현식을 사용해 XML 트리에
서 요소를 선택할 수 있다. 파이썬 xml.etree.ElementTree 모듈은 XPath를 부분적으로
지원한다.

이 책에서 XPath는 다루지 않지만, XPath의 유용한 리소스에 대한 링크를 외부 리소스의
'링크 및 추가 읽기' 문서에서 확인할 수 있다.

## ▌ 요약

요약하면, 이번 장에서는 XML과 CSV 데이터 형식을 소개했다. 파이썬에서 CSV 데이터
는 파이썬 CSV 모듈을 사용하거나 개인 취향과 작업의 성격에 따라 pandas 모듈을 사용
해 처리할 수도 있다. CSV 모듈을 사용해 출력 CSV 데이터를 쓸 수도 있다(여기서 다루지
않았지만 pandas 모듈을 사용해 CSV나 JSON 형식의 데이터를 출력할 수도 있다). 마지막으로 XML
데이터는 파이썬 xml.etree.ElementTree 모듈을 사용해 파싱할 수 있다.

다음 장에서는 주소로부터 도로명을 추출하는 훨씬 더 많은 프로젝트에서 활용할 수 있
는 기회가 주어지며, 텍스트 데이터에서 패턴을 찾고 추출하기 위한 도구인 정규 표현식
을 다룬다.

# 05

# 텍스트 데이터 처리: 정규 표현식 소개

앞서 데이터의 처리 방법을 거시적인 차원에서 살펴봤다. 이전 장까지 다룬 내용에서는 데이터 항목 각각의 값에 대해 상세히 처리하지 않았으며 전체적인 데이터셋 처리에 초점을 맞췄다고 볼 수 있다.

5장과 6장에서는 데이터 처리 과정을 상세히 살펴보기 위해 데이터셋의 값 자체에 대한 처리를 중점적으로 다룬다. 텍스트 데이터 또한 살펴보며, 정규 표현식을 사용해 문자열에서 패턴 인식을 설명한다. 먼저 정규 표현식에 대해 간략히 설명하고, 도로명 주소에서 도로명을 추출하는 프로젝트를 통해 정규 표현식 사용법을 연습한다.

이번 장은 다음과 같이 구성돼 있다.

- 이번 장 살펴보기
- 패턴 인식의 필요성

- 정규 표현식 소개
- 패턴 탐색
- 패턴 정량화
- 패턴 추출

## ▌ 이번 장 살펴보기

이번 장에서는 예제를 다루기 위해 세 가지 파이썬 스크립트를 사용한다. 첫 번째 스크립트는 regex_intro.py며, 파이썬에서 정규 표현식의 사용을 설명하기 위해 작성한 간단한 예제다. 두 번째 스크립트는 explore_addresses.py며, 데이터셋을 탐색해 패턴을 찾아내는 간단한 프로그램이다. 세 번째 extract_street_names.py 스크립트는 원본 데이터셋에서 도로명을 추출해 새로운 데이터셋에 저장하는 예제다. 각각의 스크립트는 부록의 code 폴더에 수록했다. 관련된 코드와 데이터, 참고 자료 등은 부록 https://goo.gl/8S58ra에서 다운로드할 수 있다.

### 데이터

이번 장에서 사용하는 예제는 Seeclickfix 문제 보고서 데이터셋을 사용한다. 이 데이터셋의 일부 필드를 추출해서 CSV 형식으로 작성해뒀으며, 주소 형식의 일관성을 위해 대상 데이터는 미국 지역으로 제한했다.

이번 장에서 사용할 데이터셋은 scf_address_data.csv에 저장해뒀으며, 부록의 data 폴더에서 다운로드할 수 있다.

### 파일 구조 설정

이번 장에서는 ch5라는 이름의 프로젝트 폴더를 사용한다. 코드는 ch5 폴더의 루트에 저

장하고 데이터는 ch5 폴더 아래에 data라는 이름의 폴더를 생성한 후 저장하자. 코드와
데이터 파일의 구성은 다음과 같다.

```
ch5/
regex_intro.py
explore_addresses.py
extract_street_names.py
--data/
----scf_address_data.csv
```

## ▌ 패턴 인식의 필요성

텍스트 데이터를 다루는 가장 간단한 방법은 카테고리(범주)형 자료로 다루는 것이다. 카테
고리형 자료의 값은 정해진 개수만큼의 범주를 가진다. 미국의 주를 생각해보면 카테고리
형 자료가 무엇인지 쉽게 알 수 있다. 가령 코네티컷Connecticut 주를 데이터에서 찾아보면,
다음과 같이 틀린 철자로 구성된 결과가 나올 수 있다.

- Conecticut
- Conneticut
- Connetict

틀린 철자를 수정하는 가장 간단한 방법은 틀린 철자를 미리 정의해두고 그와 같은지 확
인해보는 것이다. 다음 예제는 이러한 방법을 설명한다. 단순한 예제이므로 별도의 파일
로 코드가 제공되지는 않는다.

```
misspellings = ["Conecticut", "Conneticut", "Connetict"]
for ind in range(len(data)):
    if data[ind]["state"] in misspellings:
        data[ind]["state"] = "Connecticut"
```

위의 코드는 잘못된 텍스트 필드 값을 정확한 값으로 수정한다. 텍스트 필드 값의 오류를 보정하는 과정에서는 종종 분석 및 구조 변경이 필요하기도 하다. 주소 처리 과정이 좋은 예가 될 수 있다. 서로 다른 주소는 완전히 동일하지는 않더라도 일정한 구조로 구성돼 있다.

가령 미국에서 사용하는 주소는 다음과 같은 형식을 따른다.

---

<건물 번호> <도로명> <도시>, <주> <우편번호>

---

주소와 같이 구조화된 정보를 포함하고 있는 텍스트 필드는 그 자체로 데이터 형식을 의미하기도 한다. 텍스트 필드는 파이썬에서 하나의 문자열로 표현되지만, 실제로는 여러 가지 정보를 포함할 수 있다. 정규 표현식을 이용해 주소 문자열로부터 패턴을 찾아낸 후 내재된 정보를 분리해낼 수 있다.

## ▌ 정규 표현식 소개

정규 표현식Regular Expression 또는 RegEx는 검색 패턴으로 구성된 문자열이다. 정규 표현식은 오랜 기간 동안 사용되고 있으며 컴퓨터 과학의 한 분야이기도 하다.

파이썬에서는 기본 모듈인 re를 이용해 정규 표현식을 사용할 수 있다. 이번 장에서는 기본적인 정규 표현식을 생성해서 사용해본다. 정규 표현식을 구성하기 위한 절차는 다음과 같다.

1. 패턴 문자열을 정의한다.
2. regular expression 객체를 이용해 패턴 문자열을 컴파일한다.
3. regular expression 객체를 사용해서 문자열로부터 패턴을 찾아낸다.
4. 선택 사항: 문자열에서 패턴과 일치하는 문자열을 추출해낸다.

## 정규 표현식 작성

파이썬에서 정규 표현식을 작성하기 위해 re 모듈을 임포트한다.

```
import re
```

파이썬의 정규 표현식은 탐색하고자 하는 패턴의 특성을 나타내는 패턴 문자열로 구성돼 있다. 패턴 문자열은 단순히 문자나 숫자만을 탐색하거나 공백을 찾아낼 수도 있다. 다음의 패턴 문자열은 특정 문자열과 일치하는 문자열을 찾아낸다. 이 예제만 보면 패턴 문자열과 일반적인 문자열이 비슷해 보이지만, 이후에 살펴볼 예제에서는 좀 더 복잡한 예제를 다룬다.

```
import re
pattern_string = "this is the pattern"
```

다음 단계는 파이썬이 패턴 문자열을 이용해서 패턴을 탐색하도록 객체로 구성하는 과정이다. 이 작업은 re 모듈의 compile( ) 함수를 통해 수행된다. compile( ) 함수는 패턴 문자열을 파라미터로 받고 regex 객체를 반환한다.

```
import re
pattern_string = "this is the pattern"
regex = re.compile(pattern_string)
```

생성된 regex 객체를 이용해 패턴 문자열에 정의된 패턴을 탐색 문자열에서 탐색할 수 있다. 탐색 문자열은 패턴을 찾는 대상 문자열을 말한다. 패턴을 탐색하기 위해 regex 객체의 search( ) 함수를 호출하자.

```
import re
pattern_string = "this is the pattern"
```

```
regex = re.compile(pattern_string)
match = regex.search("this is the pattern")
```

탐색 문자열에서 패턴 문자열에 정의된 패턴이 탐색됐다면 search( ) 함수는 match 객체를 반환한다. 탐색된 문자열이 없다면 None 형식을 반환한다. 이는 아무런 값이 존재하지 않는다는 의미다.

파이썬은 True와 False 값을 유연하게 처리하기 때문에 다음과 같이 search 함수의 결과를 if 구문에서 부울리언Boolean 형식처럼 편리하게 사용할 수 있다.

```
....
match = regex.search("this is the pattern")
if match:
    print("일치하는 문자열이 존재합니다.")
```

탐색 문자열 this is the pattern은 패턴 문자열과 동일하므로 탐색 결과가 존재해야 한다. search 함수는 탐색 문자열의 어느 곳에서든 패턴이 탐색되면 탐색 결과를 반환한다.

```
....
match = regex.search("this is the pattern")
if match:
    print("일치하는 문자열이 존재합니다.")
if regex.search("*** this is the pattern ***"):
    print("일치하는 문자열이 존재하지 않습니다.")
if not regex.search("this is not the pattern"):
    print("일치하는 문자열이 존재하지 않습니다.")
```

## 특수 문자

정규 표현식은 정의된 몇 가지 특수 문자를 이용해서 패턴을 표현한다. 다음의 문자는 의

도된 용도로만 사용할 수 있으며 직접 사용할 수는 없다.

---

. ^ $ * + ? {} () [] | \

---

패턴 문자열에서 앞서 언급한 문자를 탐색해야 하는 경우에는 역슬래시(\) 문자를 쓰고 해당 문자를 쓴다. 역슬래시(\) 문자는 이스케이프 문자라고도 한다. 다음은 이와 관련된 예시를 나타낸다.

---

```
pattern string = "c\*b"
## "c*b"를 찾는다
```

---

역슬래시 문자를 탐색하려면 역슬래시 문자를 두 번 사용한다.

---

```
pattern string = "c\\b"
## "c\b"를 찾는다
```

---

## 공백 문자 탐색

패턴 문자열에서 \s를 사용하면 공백 문자를 탐색한다. 공백 문자는 탭<sup>Tab</sup> 문자나 개행<sup>New Line</sup> 문자를 포함하므로 (단순히 스페이스 문자만 포함하는 경우보다) 범주가 넓은 탐색으로 볼 수 있다.

---

```
....
a_space_b = re.compile("a\sb")
if a_space_b.search("a b"):
    print("'a b'가 탐색됐습니다.")
if a_space_b.search("1234 a b 1234"):
    print("'1234 a b 1234'가 탐색됐습니다.")
if a_space_b.search("ab"):
```

```
    print("'1234 a b 1234'가 탐색됐습니다.")
```

## 시작 문자 탐색

패턴 문자열의 시작 부분에 ^ 문자를 사용하면 정규 표현식은 패턴이 탐색 문자열의 시작 부분에 있는 경우에만 탐색한다.

```
....
a_at_start = re.compile("^a")
if a_at_start.search("a"):
    print("'a'가 탐색됐습니다.")
if a_at_start.search("a 1234"):
    print("'a 1234'가 탐색됐습니다.")
if a_at_start.search("1234 a"):
    print("'1234 a'가 탐색됐습니다.")
```

## 종료 문자 탐색

위와 비슷하게, 패턴 문자열의 종료 부분에 $를 사용하면 정규 표현식은 패턴이 탐색 문자열의 종료 부분에 있을 경우에만 탐색한다.

```
....
a_at_end = re.compile("a$")
if a_at_end.search("a"):
    print("'a'가 탐색됐습니다.")
if a_at_end.search("a 1234"):
    print("'a 1234'가 탐색됐습니다.")
if a_at_end.search("1234 a"):
    print("'1234 a'가 탐색됐습니다.")
```

## 문자 또는 숫자의 범위 탐색

한 문자가 아닌 여러 문자를 탐색할 수 있기 때문에 패턴을 좀 더 유연하게 사용할 수 있다.

- [A-Z]: 모든 대문자 알파벳을 탐색한다.
- [a-z]: 모든 소문자 알파벳을 탐색한다.
- [0-9]: 모든 숫자를 탐색한다.

```
....
lower_case_letter = re.compile("[a-z]")
if lower_case_letter.search("a"):
    print("'a'가 탐색됐습니다.")
if lower_case_letter.search("B"):
    print("'B'가 탐색됐습니다.")
if lower_case_letter.search("123 A B 2"):
    print("'123 A B 2'가 탐색됐습니다.")
digit = re.compile("[0-9]")
if digit.search("1"):
    print("'1'이 탐색됐습니다.")
if digit.search("342"):
    print("'342'가 탐색됐습니다.")
if digit.search("asdf abcd"):
    print("'asdf abcd'가 탐색됐습니다.")
```

## 여러 패턴의 탐색

탐색 패턴이 여러 개 존재한다면 다음과 같이 결합해서 사용할 수 있다.

```
(<패턴1>|<패턴2>|<패턴3>)
```

다음의 a_or_b 정규 표현식은 a 또는 b 문자 중 하나 이상이 존재할 경우 탐색한다.

```
....
a_or_b = re.compile("(a|b)")
if a_or_b.search("a"):
    print("'a'가 탐색됐습니다.")
if a_or_b.search("b"):
    print("'b'가 탐색됐습니다.")
if a_or_b.search("c"):
    print("'c'가 탐색됐습니다.")
```

## 하나의 문자가 아닌 문자열 시퀀스 탐색

+ 문자를 다른 문자 또는 패턴 뒤에 사용하면 정규 표현식은 해당 패턴의 시퀀스를 탐색한다. 이 방법은 임의의 길이가 될 수 있는 단어나 숫자와 같은 문자열을 쉽게 표현해 탐색할 수 있기 때문에 매우 유용하다.

## 패턴 결합

패턴 문자열을 하나씩 결합해 좀 더 정교한 패턴을 구성할 수 있다. 다음 예제는 단어 뒤에 숫자가 위치하는 정규 표현식을 나타낸다. 이 패턴 문자열은 다음과 같은 정규 표현식으로 구성돼 있다.

- 숫자 시퀀스의 탐색: [0-9]+
- 공백 문자 탐색: \s
- 소문자 알파벳 시퀀스의 탐색: [a-z]+
- 종료 문자 또는 공백 문자의 탐색: (\s|$)

```
....
number_then_word = re.compile("[0-9]+\s[a-z]+(\s|$)")
if number_then_word.search("1234 asdf"):
```

```
    print("'1234 asdf'가 탐색됐습니다.")
if number_then_word.search("asdf 1234"):
    print("'asdf 1234'가 탐색됐습니다.")
if number_then_word.search("1234 1234"):
    print("'1234 1234'가 탐색됐습니다.")
```

## 문자열로부터 패턴 추출

search( ) 함수는 패턴 탐색에 성공하면 match 객체를 반환한다. match 객체를 변수에 저
장하면 match 객체의 group( ) 함수를 호출해서 탐색 문자열에서 탐색된 패턴을 첫 번째
항목부터 조회할 수 있다.

```
....
match = number_then_word.search("**** 1234 abcd ****")
print(match.group())
```

## 정규 표현식의 split() 함수

파이썬의 regex 객체에는 split( ) 함수가 있다. 이 함수는 탐색 문자열을 부분 문자열로
나눈다. 나누기split는 패턴이 탐색된 문자열마다 수행되며, 각 패턴마다 나누기를 수행한
결과를 배열로 구성해 반환한다. 패턴이 탐색 문자열의 시작 부분 또는 끝부분에서 발생
하면 빈 문자열 또한 함께 배열로 구성해 반환한다.

```
....
print(a_or_b.split("123a456b789"))
print(a_or_b.split("a1b"))
```

## 파이썬 정규 표현식 문서

파이썬의 정규 표현식에 대해 궁금한 점이 있다면 https://docs.python.org/3.6/library/re.html을 참고하길 바란다.

이제 정규 표현식을 응용해 정보를 추출해보자. 여러 개의 주소 데이터에서 각 주소별 도로명을 추출하는 예제를 통해 살펴본다.


# ▌패턴 탐색

좋은 정규 표현식을 구성하려면 설계 단계부터 잘 다뤄야 한다. 너무 엄격한 정규 표현식은 의도한 모든 항목을 탐색해내지 못할 수 있으며, 너무 광범위한 정규 표현식은 잘못된 탐색 결과를 과도하게 많이 발생시킬 수 있다.

설계 단계에서는 데이터가 내포한 패턴을 찾아서 올바른 탐색과 잘못된 탐색을 잘 구별할 수 있도록 정규 표현식을 구성해야 한다. 데이터를 살펴보는 과정에서부터 시작해 특정한 패턴의 존재와 빈도를 직관적으로 파악해야 한다.

다음의 파이썬 스크립트는 pandas를 사용해 데이터셋을 pandas 데이터프레임으로 입력하고 주소 열column을 추출한 후 pandas의 `series.sample()` 함수를 통해 100개의 주소를 임의로 추출한다. 출력 결과의 무작위성을 통제하기 위해 난수의 초기값은 0으로 고정해서 사용한다. 소스 코드는 부록의 explore_address.py에 수록해뒀다.

```
import pandas
## 데이터를 읽어 데이터프레임에 저장
addresses=pandas.read_csv("data/scf_address_data.csv")
## 주소 열을 추출하고 샘플을 임의 추출해 출력
## 출력 결과
print(addresses["address"].sample(100),random_state=0)
```

예제 코드에서는 특정한 결과 값을 지정해 사용할 수도 있었지만, 데이터가 왜곡될 수 있다는 무작위성을 보여주기 위해 임의의 주소를 추출해서 사용했다. 가령 임의의 주소를 추출하지 않는다면 처음 100개의 주소와 그다음 번의 주소가 다른 형식으로 구성돼 있을 수도 있다. 즉 샘플을 무작위 추출하면 데이터의 동질성을 확인하는 데 도움이 된다.

프로그램을 실행하면 다음과 같은 결과가 터미널에 출력된다.

```
Terminal
1795              260-300 Osceola Ave S St Paul, MN 55102, USA
707                   1054 W Byron St Chicago, IL 60613, USA
5747                  6836 Mortenview Dr Taylor, MI 48180, USA
2335              2401-2423 Magnolia St Oakland, CA 94607, USA
4738          6014-6024 Thompson Road East Syracuse, New York
3347               510 6th St Ne Washington, DC 20002, USA
4693      2110 37th Street South Saint Petersburg, Florida
3225                        6518 Stuart Ave Richmond, VA
2868          9060-9270 Railroad Ave Oakland, CA 94603, USA
1887             103 & 105 Misty Morning Way Savannah, Georgia
4453      Spring St. & Market St. Greensboro, North Car...
2273                 230 Quincy Ave Quincy, MA 02169, USA
3933          1823 Berkeley Avenue Saint Paul, Minnesota
4764                 3231 Dorr St Toledo, OH 43607, USA
5976                                        800 Howard
6078          110 Dwight St New Haven, CT 06511, USA
                               ...
5555               20th And Telegraph Oakland, California
422           2301-2319 Florin Road Sacramento, California
0                        1718 S. Longmore Mesa, Arizona
1286                            Address Unavailable
345            6211 Buswell Street Richmond, British Columbia
4772            6200-6226 Eastlawn St Oakland, CA 94621, USA
1208           1321-1337 Hambrick Road Stone Mountain, Georgia
5653              8982 Channing Avenue Westminster, California
4335                  682 State Route 31 Oswego, Illinois
2031                   5940 N Virginia Ave West Ridge
5522               36 Orange St Westfield, Massachusetts
3033                    1724 Fulton Rd Nw Canton, Ohio
292                   397 2nd St Oakland, CA 94607, USA
5508       1060-1098 North Shore Drive Northeast Saint Pe...
5359             30-42 Elmwood Road Wellesley, Massachusetts
2799                     Crown St New Haven, CT, USA
1247            4301-4341 Coliseum Way Oakland, CA 94601, USA
6026             2820 Montana Street Oakland, California
2767             Depalma Court New Haven, Connecticut
339               West Outer Drive Dearborn, Michigan
714                   464 3rd Street Albany, New York
2187            361-371 Grand Ave Oakland, CA 94610, USA
2821       100-198 1st Street Southeast Saint Petersburg,...
3359          5720-6266 East Cherokee Drive Canton, Georgia
5820                 Riverside Fwy Corona, CA 92882, USA
4599             200 Broadway Fall River, Massachusetts
3348           160 Hilton Avenue Garden City, New York
1532                          3649 N Southport Ave
5551              4022 N Mozart St Irving Park
915               3401 Garland Ave Richmond, Virginia
Name: address, Length: 100, dtype: object
```

결과 값을 자세히 살펴보면 대부분의 주소는 표준 미국 주소를 따른다는 것을 확인할 수 있다. 즉 도로 번호가 첫 번째에 위치하며, 그다음은 도로명, 도시, 주, 우편번호 순서로 구성돼 있음을 확인할 수 있다.

하지만 모든 주소가 위와 같은 형식으로 구성돼 있지는 않다. 가령 다음과 같은 주소 또한 존재한다.

> Spring St. & Market St. Greensboro, North Car...
>
> Pleasant And Main St Malden, Massachusetts
>
> Corner Of Lima Ave And Cowan

위와 같이 도로 번호가 없는 주소는 패턴 인식 과정에서 탐색될 수 없다.

표준 주소 형식을 따르는 가장 간결한 형식은 도로명이 한 단어로 구성되며 그다음에 도로 접미사(Avenue, Ave, Boulevard, Blvd 등을 말함)가 붙는 형태다.

> 6836 Mortenview Dr Taylor, MI 48180, USA
>
> 3401 Garland Ave Richmond, Virginia
>
> 8982 Channing Avenue Westminster, California
>
> 230 Quincy Ave Quincy, MA 02169, USA

위와 같은 경우, 주소는 다음과 같이 세 가지 요소로 구성돼 있다고 볼 수 있다.

> 〈도로 번호〉〈도로명〉〈도로 접미사〉

이 세 가지 요소는 도로명을 규격화하는 훌륭한 방법이 될 수 있다. 도로 번호는 도로명의 시작을 나타내고 도로 접미사는 도로명이 끝나는 지점을 나타내므로, 도로명이 올바르게 식별됐음을 검증할 수 있게 된다.

즉 위와 같은 구성은 주소로부터 도로명을 추출하고 확인하는 좋은 방법이라 할 수 있다. 이제 주소로부터 도로 번호와 도로 접미사를 확인하고 도로명을 추출해보자.

# ▌ 패턴 정량화

앞의 예제에서는 모든 주소가 동일한 형식으로 구성돼 있지 않기 때문에 탐색되지 않는 이상치를 확인했다.

도로명 주소의 변형된 사용법 중 하나는 도로명 앞에 N 또는 S를 붙여 사용하는 경우다. 또한 도로명이 여러 개의 단어로 구성돼 있을 수도 있다.

> 3649 N Southport Ave
>
> 4022 N Mozart St Irving Park
>
> 260-300 Osceola Ave S St Paul, MN 55102, USA
>
> 103 & 105 Misty Morning Way Savannah, Georgia
>
> 1656 Mount Eagle Place Alexandria, Virginia

다음과 같이 도로 번호가 빠진 주소도 있다.

> West Outer Drive Dearborn, Michigan
>
> Crown St New Haven, CT, USA

사용하고자 하는 목적에 따라 위와 같이 변형된 데이터를 얼마나 더 많이 처리해야 할지 판단해야 한다. 변형된 데이터를 더 많이 다루고자 할수록 정규 표현식 작성에 소요되는 작업은 많아진다.

이러한 트레이드오프로 인해 패턴으로 탐색할 수 있는 데이터가 얼마나 되는지 정량화하는 작업은 중요하다. 이제 주소에서 도로명을 찾아내는 정규 표현식을 작성해보자.


## 도로명 주소를 탐색하는 정규 표현식 작성

앞의 예제에서 도로명은 다음과 같은 요소로 구성돼 있음을 확인했다.

> 〈도로 번호〉〈도로명〉〈도로 접미사〉

첫 번째 패턴 문자열은 도로 번호를 탐색해야 한다. 도로 번호는 문자열의 시작 부분에 위치한 숫자로 구성돼 있다. 여기서는 예제를 다루기 때문에 도로 번호에 알파벳이 포함된 경우(10A 또는 10B 등)와 숫자의 범주로 표현된 경우(110–120 등)는 제외하자. 도로명 주소 탐색에서 사용할 정규 표현식 요소를 정리하면 다음과 같다.

- ^ 문자는 문자열의 시작 부분을 탐색한다.
- [0-9]는 숫자를 탐색한다.
- + 문자는 숫자 또는 문자를 반복 탐색한다.
- \s+는 공백을 반복 탐색한다.

시작하기에 앞서 extract_street_names.py라는 이름의 파이썬 스크립트를 생성하고 re 모듈과 csv 모듈을 임포트하자. 그리고 도로명 주소의 시작 문자열에서 도로 번호를 탐색하는 패턴 문자열을 정의하자.

```
import re
import csv
## 도로명 주소의 시작 문자열에서 도로 번호 탐색
street_address_pattern_string = "^[0-9]+"
## 공백 문자 반복 탐색
street_address_pattern_string += "\s+"
```

이제 도로명을 탐색하는 패턴 문자열을 추가하자. 먼저 도로명은 한 단어로 간주할 것이며, 도로명이 숫자로 시작하는 경우(1st st., 2nd ave. 등)가 많으므로 도로명은 알파벳 또는 숫자로 시작할 수 있도록 구성한다.

위와 같이 탐색하기 위해 OR 연산을 수행하는 | 연산자를 사용해 숫자를 탐색하는 [0-9]와 알파벳을 탐색하는 [a-z]를 병합해서 사용한다. 다음과 같이 표현할 수 있다.

```
([a-z]|[0-9])+\s+
```

+ 문자는 매우 긴 도로명을 탐색하도록 하고, \s+는 매우 긴 공백 문자열도 탐색하도록 한다.

 이후 과정에서 string.lower() 함수를 이용해 모든 알파벳을 소문자로 변경하므로, 여기서는 소문자만 탐색하도록 구성했다.

위 내용을 extract_street_names.py에 반영하면 도로명 주소에서 도로명까지 탐색할 수 있도록 확장된다.

```
import re
import csv
###
### 도로명 주소 탐색
## 도로명 주소의 시작 문자열에서 도로 번호 탐색
street_address_pattern_string = "^[0-9]+"
## 공백 문자 반복 탐색
street_address_pattern_string += "\s+"
## 도로명 탐색
street_address_pattern_string += "([0-9]|[a-z])+"
## 공백 문자 반복 탐색
street_address_pattern_string += "\s+"
```

패턴 문자열을 구성하는 마지막 단계는 도로 접미사 탐색이다. 미국에서 사용하는 대부분의 도로명은 공통된 접미사를 사용하기 때문에, 도로 접미사의 탐색은 특정한 문자열과 일치하는지 여부를 검증하는 과정으로 구성할 수 있다.

이 과정을 수행하기 위해 일련의 도로 접미사 중 하나와 일치되는지 확인하는 패턴을 구성한다.

```
"(<suffix1>|<suffix2>|<suffix3>|<suffix4>...)"
```

대부분의 도로에는 도로 접미사가 있고 도로 접미사는 일반적인 형태로 구성돼 있으므로, 이러한 방법은 대량의 데이터를 탐색해내는 데 충분하며 주소가 올바르게 구성돼 있는지 확인하는 용도로도 사용할 수 있다. 다음과 같이 extract_street_names.py에서 도로명 주소를 탐색하는 패턴을 구성하자.

```
....
## 도로명 탐색
street_address_pattern_string += "[0-9|a-z]+"
## 공백 문자 반복 탐색
street_address_pattern_string += "\s+"
## 일반적인 도로 접미사 탐색
street_address_pattern_string += "(av|"
street_address_pattern_string += "ave|"
street_address_pattern_string += "avenue|"
street_address_pattern_string += "st|"
street_address_pattern_string += "street|"
street_address_pattern_string += "dr|"
street_address_pattern_string += "rd|"
street_address_pattern_string += "drive|"
street_address_pattern_string += "road|"
street_address_pattern_string += "blvd|"
street_address_pattern_string += "boulevard|"
street_address_pattern_string += "pl|"
street_address_pattern_string += "place)"
```

마지막으로, 드물지만 발생할 수도 있는 실수를 다뤄보자. 도로 접미사를 탐색하는 과정에서 우연히 일부의 문자가 도로명에서 탐색될 수 있다. 가령 start, stem은 모두 st로 시작하기 때문에 도로 접미사 st로 잘못 탐색될 수 있으며, drill, drip, drone은 모두 dr로 시작하기 때문에 이 역시 도로 접미사로 잘못 탐색될 수 있다. 이러한 오류를 방지하는 방법은 상대적으로 간단한데, 도로 접미사의 마지막 패턴을 ., 공백 문자, 문자열의 마지막 조건으로 구성하면 된다. extract _street_names.py를 다음과 같이 구성하자.

```
....
street_address_pattern_string += "boulevard|"
street_address_pattern_string += "pl|"
street_address_pattern_string += "place)"
## 종료 문자열 또는 공백 문자 탐색
street_address_pattern_string += "(\s|$|\.)"
```

위와 같이 구성했다면 패턴을 컴파일하고 get_street_names.py에 적용해보자.

```
......
## 종료 문자열 또는 공백 문자 탐색
street_name_pattern_string += "(\s|$|\.)"
## 패턴 컴파일
street_address_regex = re.compile(street_address_pattern_string)
```

여기서 street_address_regex 변수의 regular expression 객체는 미국 도로명 주소 문자열에서 도로명 주소의 각 요소를 탐색하는 역할을 수행한다. 이제 정규 표현식을 작성했으니, 그다음으로는 실제 데이터에서 어떻게 동작하는지 확인해볼 차례다. 데이터 항목으로부터 정규 표현식이 어떠한 탐색 결과를 반환하는지 살펴보자.

## 탐색 횟수 측정

extract_street_names.py에서 scf_address_data.csv 파일을 열고 행을 순회하는 반복문을 추가했다. 반복문 내에서 각 주소가 패턴과 일치하는지 확인하고 추출해낸다.

 정규 표현식에 사용하는 문자열은 .lower() 함수를 사용해서 모두 소문자로 변환해뒀다. 따라서 정규 표현식을 작성할 때 대소문자 구별을 하지 않고 패턴을 작성했다.

다음의 스크립트는 정규 표현식의 패턴이 몇 번 탐색됐는지를 측정한다. 스크립트의 마지막 부분에서는 탐색된 패턴을 화면에 출력하도록 구성했다.

```
....
## 패턴 컴파일
street_address_regex = re.compile(street_address_pattern_string)

## 데이터를 읽고 순회
fin = open(with"data/scf_address_data.csv","r")
reader = csv.DictReader(fin)

match_count=0.
for row in reader:
    address=row["address"]
    ## 정규 표현식 적용
    street_address_match = street_address_regex.search(address.lower()):
    if street_address_match:
        match_count+=1

print("탐색된 패턴:" + str(match_count/reader.line_num))
fin.close()
```

올바르게 구현했다면 extract_street_names.py는 약 0.4의 값을 출력한다. 이는 전체 데이터 중 약 40%가 위의 패턴으로 올바르게 탐색됐음을 의미한다.


## 탐색 정확도 검증

더 나은 성능의 패턴 인식 도구를 사용하기 전까지는 탐색 결과가 얼마나 정확한지 객관적으로 판단하기 어렵다. 하지만 정규 표현식이 올바르게 동작하는지 확인할 수는 있으므로 결과를 직접 확인해보면 좋다. 검증 과정은 탐색된 도로 주소를 출력하는 방법으로 수행할 수 있다. print() 함수를 사용할 수도 있지만 이 함수는 프로그램 동작 속도를 늦출 수 있기 때문에 제한적으로만 사용하길 바란다. 다음의 extract_street_names.py 파일은 주소에서 탐색된 문자열이 존재하는 경우에만 화면상에 결과를 표시한다. match_count

변수를 사용해 처음 200개의 결과만 화면에 출력하도록 print( ) 함수의 사용을 제한할
수 있다.

```
....
street_address_match = street_address_regex.search(address.lower()):
if street_address_match:
    match_count+=1

    street_address = street_address_match.group()
    ## 탐색된 항목 출력
    ## 정규 표현식이 올바르게 동작하는지 검증
    if match_count<200:
        print(street_address)
....
```

위와 같이 구성하면 화면상에 도로명 주소로부터 도로 번호, 도로명, 도로 접미사가 각각
출력된다. 다음은 그 예시다.

정규 표현식을 이용해 도로명 주소로부터 각 주소 항목을 효과적으로 분리해낼 수 있음을
확인했다. 이제 도로명 주소로부터 도로명만 추출해보자.

# ▌ 패턴 추출

도로명 주소에서 도로명만 추출해내는 방법은 다양하다. 이 책에서는 그중 한 가지 방법으로 정규 표현식을 사용해 도로 번호를 인식했다. 도로 번호는 도로명 주소로부터 문자열을 분리해내는 데 사용할 수 있다. 이 방법을 이용해서 분리된 문자열은 도로명을 포함하고 있다.

다음의 extract_street_addresses.py 파일은 정규 표현식을 사용해서 도로 번호와 공백을 탐색한다. 첫 번째 반복문에서는 데이터를 순회하며 street_number_regex 정규 표현식을 사용해서 street_addresses 문자열을 도로명을 포함한 두 개의 문자열로 분리해낸다.

```
....
### 도로 번호
## 문자열의 시작 부분에서 도로 번호를 탐색
street_number_pattern_string = "^[0-9]+"
## 공백 문자열 탐색
street_number_pattern_string += "\s+"

## 패턴 컴파일
street_address_regex = re.compile(street_address_pattern_string)
street_number_regex = re.compile(street_number_pattern_string)
....
....
        street_address=street_address_match.group()
        street_name = street_number_regex.split(street_address)[1]

        ## 정규 표현식이 올바르게 동작하는지 검증
        ## 탐색 결과 출력
        if row_count<200:
            # print(street_address)
            print(street_name)
....
```

extract_street_address.py를 실행하면 도로명이 출력됨을 확인할 수 있다. 이제 추출된 도로명을 행에 추가해 새 파일에 저장해보자.

## 출력 결과 파일 저장

마지막으로 정규 표현식을 적용한 출력 결과를 저장해보자. 다음의 extract_street_names.py는 scf_street_name_data.csv라는 이름의 CSV 파일을 쓰기 권한으로 연다. DictWriter 객체를 사용해서 (파이썬 리스트로 저장하지 않고) 딕셔너리로 저장한다.

```
....
## 데이터를 읽고 순회
fin=open("data/scf_address_data.csv","r",newline="")
fout=open("data/scf_street_name_data.csv","w",newline="")
reader = csv.DictReader(fin)

headers=reader.fieldnames
headers.append("street_name")
writer = csv.DictWriter(fout,fieldnames=headers)

....
....
fin.close()
fout.close()
```

이제 프로그램에서 새 데이터를 파일에 기록할 준비를 마쳤다.

이 예제 코드는 여러 데이터 항목 중 도로명만을 파일에 기록한다. 다음의 extract-street_names.py는 각 행별로 도로명을 탐색해서 데이터 항목에 추가한다. 탐색된 모든 데이터 항목은 행별로 CSV 파일에 저장한다.

```
....
        street_address=street_address_match.group()
```

```
street_name = street_number_regex.split(street_address)[1]
## 도로명을 행에 추가하고 파일에 저장
row["street_name"] = street_name
writer.writerow(row)
....
```

도로명 주소로부터 도로명을 추출하는 작업을 완료했다. extract_street_names.py 파일을 실행하면 도로명이 열로 구성된 새 파일이 생성된다.

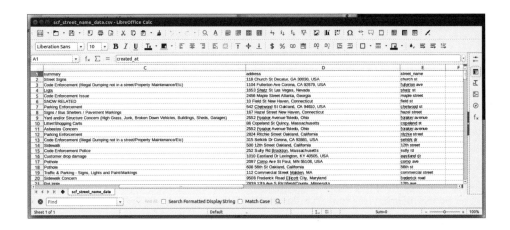

## ▌ 요약

이번 장에서는 파이썬을 이용해서 정규 표현식을 구성하는 방법을 다뤘다. 패턴을 구성하기 위해 데이터에서 패턴을 찾아내고 패턴 문자열을 구성하는 방법도 함께 배웠다. 패턴 인식을 위해 먼저 정규 표현식을 이용해서 탐색할 수 있는 문자열이 데이터에 존재하는지 살펴봐야 한다. 패턴이 존재함을 확인하고 나서는 패턴 문자열을 구성하고 데이터에 적용시켜본 후 그 결과가 올바른지 검증해야 한다. 정규 표현식은 텍스트 데이터를 깔끔하면서도 잘 추출해낼 수 있도록 작성해야 함을 염두에 두자.

이번 장까지 다룬 내용은 데이터 처리 과정에서의 일반적인 프로그래밍 접근법이었다. 다음 두 장에서는 좀 더 공식화된 데이터 처리 방법을 다룬다.

6장, '수치 데이터 정리: R과 RStudio 소개'에서는 R 프로그래밍 언어와 IDE를 소개하고 일반적인 수치 데이터 정리 작업을 위해 R을 이용하는 방법을 다룬다.

# 수치 데이터 정리: R과 RStudio 소개

이전 장에서 현재까지 이어지는 내용은 데이터 조작을 위해 일반적인 프로그래밍 방식을 취하는 것이었다. 데이터 조작과 관련된 기본적인 프로그래밍 기술을 잘 이해하면 데이터가 표준을 따르지 않을 때 문제를 해결할 수 있다.

하지만 많은 수의 작업을 데이터 조작에 적합한 언어로 좀 더 간결하고 우아하게 표현할 수 있다. 대부분의 경우에 R 환경과 프로그래밍 언어를 사용하면 적은 노력으로도 더 많은 것을 표현할 수 있다. 게다가 R로 구축된 여러 패키지를 사용하면 언어를 더욱 간결하게 표현할 수 있다. 이번 장과 다음 장에서는 R을 사용해 데이터 조작에 대해 좀 더 정형화된 접근 방식을 취하는 방법을 설명한다. 이번 장에서는 수치 데이터를 조작하는 응용 프로그램과 함께 R을 소개한다. 이번 장은 다음 절들로 구성된다.

- 이번 장 살펴보기
- R과 RStudio 소개
- R과 RStudio 연습
- 이상치 탐지 및 제거
- NA 값 처리
  - 결측치 제거
  - 결측치를 상수로 대체
  - 결측치 대체

마지막으로 이번 장의 후반부에서는 이번 장에서 사용한 변수명과 그 내용을 나열한다.

# ▌이번 장 살펴보기

이번 장의 모든 실습은 한 R 스크립트로 이뤄져 있다. R 스크립트는 파이썬 스크립트와 유사하며 .R 확장자를 가진 파일이다. 이번 장에서는 코드 편집을 할 때 텍스트 편집기 대신 RStudio IDE를 사용할 것이기 때문에 RStudio에서 이 스크립트를 작성할 수 있다(이 방법은 이번 장의 후반부에서 설명한다).

이번 장의 코드는 r_intro.R이라는 R 스크립트에 있고 외부 리소스의 코드 폴더에 있다. 모든 외부 리소스는 https://goo.gl/8S58ra에 있다.

## 데이터

6장에서 사용할 데이터셋은 4장에서 소개한 artificial_roads_by_region.csv 데이터셋이며, 외부 리소스의 데이터 폴더에서 다운로드할 수 있다.

## 디렉터리 구조

6장, '수치 데이터 정리: R과 RStudio 소개'에서 다루는 내용을 실습하려면 ch6라는 프로젝트 폴더를 만든다. ch6 폴더에는 data라는 폴더가 있어야 하며, 이 폴더에는 이번 장에서 사용할 artificial_roads_by_region.csv 데이터셋이 있어야 한다. 프로젝트 폴더에는 r_intro.R이라는 R 스크립트가 있다. RStudio에서 R 스크립트를 작성하고 저장할 수 있기 때문에 미리 파일을 작성할 필요는 없다. 이번 장의 디렉터리 구조는 다음과 같다.

```
ch6/
--> r_intro.R
--> data/
----> artificial_roads_by_region.csv
```

## R과 Rstudio 설치

이번 장과 다음 장에서는 RStudio IDE와 R base 모두 설치돼야 한다. R base는 핵심 R 프로그래밍 언어 및 환경이며 RStudio를 사용하기 위해 필요하다. RStudio와 R base의 설치를 다루는 참고 자료는 외부 리소스의 '설치' 문서에서 찾아볼 수 있다.

# ▌R과 RStudio 소개

R은 통계와 그래픽을 위한 프로그래밍 언어 및 환경이다. R은 통계 연산에 특화돼 있으며 프로그래밍 언어 외에도 많은 기능을 포함하고 있다는 점에서 파이썬과 다르다. R 프로젝트 웹사이트는 R의 기능을 다음과 같이 소개한다.

- 효과적인 데이터 처리 및 저장 기능
- 연산을 위한 연산자 모음: 배열, 행렬들의 연산
- 데이터 분석을 위한 중급 도구들의 방대하며 일관된 통합 컬렉션

- 데이터 분석을 위한 그래픽 기능과 온 스크린 또는 하드 카피로 시각화
- 조건문, 반복문, 사용자 정의 재귀 함수, 입출력 기능이 포함된 잘 개발된 간단하고 효과적인 프로그래밍 언어

R을 사용하는 가장 일반적인 방법은 R 프로그래밍 언어 및 환경과 상호작용하기 위한 IDE인 RStudio를 활용하는 것이다. RStudio는 여러 구성 요소를 결합해 데이터 작업 프로세스를 집중화하고 용이해지도록 해준다. 여기에는 다음과 같은 요소들이 포함된다.

- R 명령어 실행을 위한 콘솔

```
Console  ~/Documents/book/ch6/ch6/
> 1+1
[1] 2
>
```

- 코드 작성 및 실행, 데이터 확인을 위한 편집기

```
r_intro.R

 1  ####
 2  ####
 3  ## vector intro
 4  print(c(1,2,3,4,5,6))
 5  print(1:6)
 6
 7  my.vector=1:10
 8  print(my.vector)
 9  print(my.vector[3])
10  print(my.vector[1:5])
11
12  ## is.na example
13  print(is.na(c(1,NA,2,NA,NA,3,4,NA,5)))
14
15  ####
16  ####
17  ## reading in data
18  ## set the working directory
19  ## the working directory here should be changed
20  ## for your setup
21  setwd("~/Documents/book/ch6/ch6/")
22
23  ## Read in the data, and assign to the roads_by_country
24  ## variable. Roads by country is an R Dataframe
```

- 현재 환경의 변수, 데이터프레임, 함수를 표시하는 패널

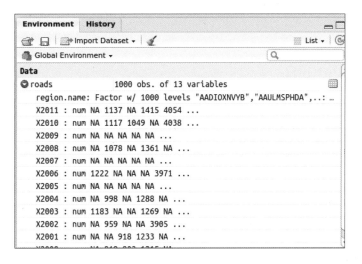

- 시각화를 위한 패널(그래프와 도움말 정보 등 다양한 정보를 표시하는 패널)

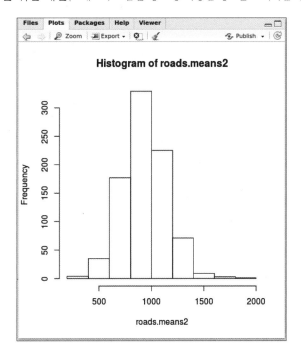

다음 절에서는 R과 RStudio의 몇 가지 기능을 살펴본다.

# RStudio 연습

이전 장에서 사용했던 파이썬 개발 과정은 RStudio와 비교해 다소 간접적인 부분이 있다. 특정 기능을 수행하기 위해 코드를 텍스트 편집기로 작성하고 별도의 인터페이스를 통해 전체적으로 실행한다.

RStudio에서 코드를 작성하는 것은 반복적인 과정이다. 코드는 편집기에서 한 줄씩 실행할 수 있으며 데이터와 변수는 환경 내에서 계속 저장된다. 즉 분석을 수행하고 데이터를 관찰해 코드의 정확성을 검증할 수 있다. 다음 단계를 통해 RStudio에서 R 스크립트를 작성한다.

1. 먼저 RStudio 프로그램을 실행한다.

2. RStudio에서 File ❯ New ❯ Rscript를 선택해 새 스크립트를 만들 수 있다. 그럼 파일이 만들어지고 텍스트 에디터에 .R 파일이 열린다.

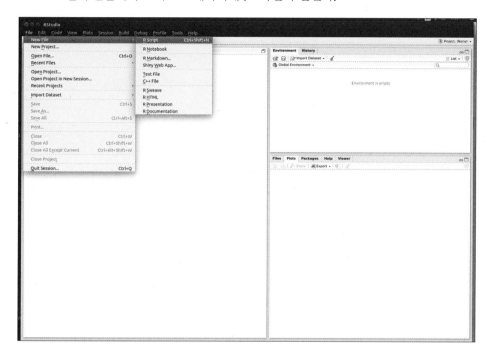

3. 그러고 나면 작성을 위해 스크립트가 열린다. File ❯ Save를 선택해 스크립트를 ch6 폴더에 저장할 수 있다. 여기서 스크립트의 이름은 그다지 중요하지 않지만, 이 예제에서는 r_intro로 정했다. RStudio는 파일 확장명을 자동으로 추가한다.

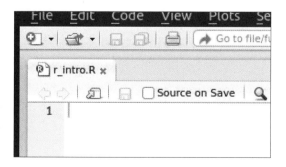

## R 명령어 실행

R의 명령은 콘솔에 직접 입력할 수 있지만 편집기에서 한 줄씩 실행할 수도 있다. 편집기에서 코드 행을 실행하려면 커서를 해당 행으로 이동한 후 키보드에서 Ctrl + Enter를 누르자.

R 스크립트에 1 + 1을 입력하고 커서를 그 행에 위치시킨 후 Ctrl + Enter를 누르자. 콘솔에 출력된 내용은 다음과 같다.

## 작업 디렉터리 지정

터미널과 마찬가지로 R 환경은 특정 디렉터리에 대한 파일시스템을 다룰 수 있다. R에서 디렉터리는 setwd() 함수를 사용해 스크립트로 직접 설정할 수 있다.

작업 디렉터리는 R 스크립트 시작 부분에서 데이터 위치로 설정하는 것이 좋다. 이번 장에서는 작업 디렉터리를 ch6 프로젝트 폴더로 설정해야 한다. 스크립트 시작 부분에 다음 줄을 추가한다. 사용하는 경로는 각자의 파일시스템 설정에 따라 달라진다.

```
setwd("~/Documents/book/ch6/ch6/")
```

R에서는 운영체제와 상관없이 슬래시(/) 문자를 사용할 수 있다. 작업 디렉터리를 설정하는 행을 추가하고 나서 커서를 해당 행으로 이동한 후 Ctrl + Enter를 눌러 행을 실행하거나, 하나 이상의 행에 대해 일부 또는 전체 텍스트를 선택한 후 Ctrl + Enter를 눌러 코드를 실행할 수도 있다.

명령을 실행하면 편집기 아래의 콘솔에 출력된 줄을 확인할 수 있다. 다음과 같이 콘솔에 getwd( )를 입력해 작업 디렉터리가 올바르게 설정됐는지 확인한다.

```
Console  ~/Documents/book/ch6/ch6/
> setwd("~/Documents/book/ch6/ch6/")
> getwd()
[1] "/home/allan/Documents/book/ch6/ch6"
>
```

## 데이터 불러오기

CSV 파일에 대한 경로 문자열을 전달하면 R 데이터프레임을 반환하는 read.csv( ) 함수를 사용해 R 환경에 CSV 데이터셋을 읽어올 수 있다. R의 변수 할당은 <- 기호를 사용한다. 이 기호는 파이썬의 = 기호와 다소 유사하다. 작업 디렉터리가 제대로 설정됐다면 다음 행은 artificial_roads_by_region.csv를 읽어오고 결과 데이터를 roads라는 R 데이터프레임에 할당한다.

```
roads <- read.csv("data/artificial_roads_by_region.csv")
```

## R 데이터프레임

R 데이터프레임은 표 형식의 데이터를 나타내는 기본 제공 데이터 구조다. 데이터프레임을 만들면 RStudio의 왼쪽 위 모서리에 있는 Environment 탭에서 데이터프레임의 열과 초기값을 확인할 수 있다.

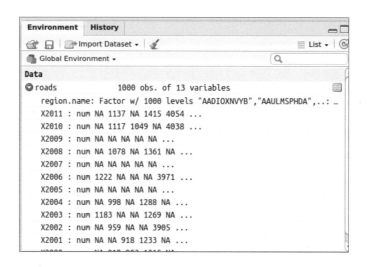

환경 탭에 있는 데이터프레임을 두 번 클릭하면 편집기 패널에 데이터의 스프레드시트가
표시된다.

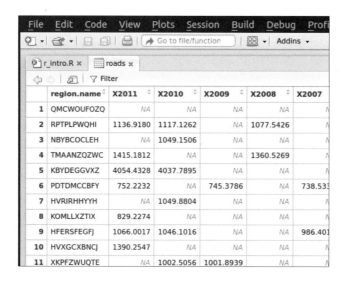

여기서 열 이름이 원래 CSV에서 변경됐다는 점에 주목하자. region name은 region.name
이 됐으며 2011은 X2011이 됐다. R은 열 헤더 이름을 변수로 사용하기 때문에 열 이름을 적
절한 변수명으로 변경해야 한다. 여기서는 R이 할당한 이름을 유지하겠지만 colnames()

함수로 사용할 열 이름을 변경할 수 있다.

 R에서 . 문자는 변수명의 일부로 사용할 수 있고, 그 뒤에는 문자가 이어진다. R의 변수는 분리하기 위해 . 문자를 사용한다.

## R 벡터

R의 벡터는 파이썬 리스트와 유사하다. 이들은 값의 순서를 갖는 리스트가 있는 데이터 구조다. 다음 구문을 사용해 벡터를 만든다.

```
vector <- c(<element1>, <element2>, <element3>)
```

다음을 R 콘솔에 입력하자.

```
> c(1,2,3,4,5,6)
```

다음 문법을 사용해 일련의 숫자로 구성된 벡터를 만들 수도 있다.

```
sequence_of_numbers <- <start_number>:<finish_number>
```

R 콘솔에 다음을 입력해보자.

```
> 1:5
```

벡터는 정수나 다른 벡터를 사용해 인덱싱할 수 있다. 하나의 예를 들어보자. 다음은 my.vector라는 벡터를 만들고 my.vector의 세 번째 값을 출력한 후 my.vector의 처음 다섯 개 값을 출력한다.

```
my.vector=1:10
print(my.vector)
print(my.vector[3])
print(my.vector[1:5])
```

 R에서의 인덱싱은 1부터 시작한다. 0에서 시작하는 파이썬 인덱싱과 헷갈리지 않도록 주의하자.

## R 데이터프레임 인덱싱

$ 기호를 사용해 데이터프레임의 각 열을 선택할 수 있다. 다음은 2011년 roads 데이터프레임에서 데이터를 선택한다.

```
roads.2011 = roads$X2011
```

결과 값은 선택한 열의 값을 갖는 R 벡터다.

데이터프레임은 다음 문법을 사용해 행과 열로 인덱싱할 수도 있다.

```
new.dataframe <- original.dataframe[<row_index>,<column index>]
```

모든 행이나 모든 열을 선택하려면 row_index나 column_index를 비워둔다. 예제는 다음과 같다.

```
the.same.thing <- roads[,]
```

행과 열 인덱스는 모두 정수 값이거나 정수 값의 벡터다. 예제는 다음과 같다.

```
first.three.rows <- roads[1:3,]
first.three.columns <- roads[,1:3]
```

행과 열 인덱스는 논리적 값의 벡터가 될 수도 있다. 마지막으로 열 인덱스는 열 이름의 벡터가 될 수 있다. 예제는 다음과 같다.

```
X2011.with.region <- roads[,c("region.name","X2011")]
```

다음 절에서는 4장, '데이터 입력, 분석, 수정: 2부'에서 사용한 2011년 총 도로 길이를 찾는 태스크를 수행하기 위해 지금까지 설명한 도구를 사용한다.

## R을 활용한 2001년 데이터 분석

이번에는 R을 사용해 2011년 총합을 찾는 작업을 다시 살펴보자. 첫 번째 단계는 X2011 값을 추출하는 것이다. 이 단계는 이미 roads.2100 벡터를 만든 이전 단계에서 완료했다.

다음 단계는 roads.2011 벡터에 있는 모든 값의 합계를 찾는 것이다. 한 가지 쉬운 방법은 R에 내장된 sum( ) 함수를 NA 값을 건너뛰도록 하는 인자와 함께 사용하는 것이다. 이 절에서는 sum( ) 함수를 사용하는 방법을 살펴본다(잘 아는 내용이라면 건너뛰어도 좋다).

먼저 인덱싱 사용 방법을 좀 더 자세히 다룬다. 이것은 roads.2011 벡터에서 수동으로 NA 값을 제거하고 sum( ) 함수를 적용하는 작업을 포함한다. is.na( ) 함수를 사용해 논리 값의 벡터를 만들 수 있다. is.na( ) 함수는 벡터나 데이터프레임을 인자로 취해 위치 값이 NA인지 여부를 나타내는 TRUE나 FALSE 값을 갖는 벡터나 데이터프레임을 각각 반환한다. 콘솔에 다음과 같이 입력하는 예제를 살펴보자.

```
> is.na(c(1,NA,2,NA,NA,3,4,NA,5))
```

is.na( ) 함수를 사용해 roads.2011에서 NA 값에 해당하는 논리 값 벡터를 만든다. 그런 다음 결과 벡터를 사용해 roads.2011 벡터에서 NA가 아닌 값을 인덱싱하고 추출한다.

다음 줄에서는 not.na라는 벡터를 만든다. 결과인 not.na 벡터는 roads.2011 인덱스에 해당하는 논리 값 벡터로, TRUE 값을 갖는 인덱스는 NA가 아닌 도로의 인덱스에 해당하고 FALSE 값을 갖는 인덱스는 NA인 도로에 해당한다. ! 기호는 TRUE 및 FALSE 값을 뒤집어 TRUE가 NA 값이 아닌 것을 가리키도록 사용한다.

```
not.na <- !is.na(total.2011)
```

논리 값 배열을 사용해 벡터나 데이터프레임을 인덱싱하면 TRUE 값에 해당하는 모든 인덱스들을 추출한다. 다음 행은 roads.2011 벡터에서 모든 NA가 아닌 값들의 벡터를 만든다.

```
roads.2011.cleaned <- roads.2011[not.na]
```

마지막으로 sum( ) 함수를 사용해 값을 더한다.

```
total.2011<-sum(roads.2011.cleaned)
```

합계를 찾는 더 간결한 방법은 합계 함수의 na.rm을 TRUE로 설정해 함수가 NA 값을 건너 뛸 수 있도록 하는 것이다.

```
total.2011<-sum(roads.2011, na.rm=TRUE)
```

처음부터 다음까지는 데이터를 읽어오고 2011년 총합을 찾는 데 거친 일련의 단계들이다.

```
####
####
## 데이터 불러오기
```

```
## 작업 디렉터리 지정
## 작업 디렉터리는 각자의 환경에 따라 변경해야 한다
setwd("path/to/your/project/folder")
## 데이터를 읽어오고 roads라는 데이터프레임 변수에 할당
roads <- read.csv("data/artificial_roads_by_region.csv")
## roads 데이터프레임에서 2011년에 해당하는 열 선택
roads.2011 <- roads$X2011
####
####
## 2011년 총합 구하기
## na가 아닌 값에 해당하는 인덱스 생성
not.na <- !is.na(roads.2011)
## not na를 사용해 roads.2011 인덱싱
roads.2011.cleaned <- roads.2011[not.na]
## 2011년 도로 총합 출력
total.2011<-sum(roads.2011.cleaned)
## 더 간단하게 작업
total.2011<-sum(roads.2011, na.rm=TRUE)
```

열의 합계를 구하는 것은 데이터 조작에서 도움이 되는 예제다. 그러나 정확한 값을 얻는 것만으로는 충분하지 않을 수 있다. 특히 누락되거나 잘못된 값이 많은 경우에는 특히 더 문제가 된다(직접 이 데이터셋을 만들었기 때문에 여러 가지 누락되거나 잘못된 값이 있을 가능성이 많다). 다음 절에서는 수치 데이터를 정리하는 몇 가지 일반적인 기술을 살펴본다. 이런 과정을 통해 2011년 총합에 대해 좀 더 정확한 결과를 얻을 수 있을 뿐 아니라 R과 RStudio의 몇 가지 추가 기능을 살펴볼 수 있다.

수치 데이터 정리 과정을 살펴보기 전에 몇 가지 필터링 계층을 거쳤기 때문에 변수명이 혼란스러울 수 있음을 유의하자. 서술적인 변수 명명 규칙을 사용해 이 모든 레이어를 표현하기에는 어려움이 있다. 다음 장에서 소개할 dplyr 패키지는 R 코드를 간결하고 이해하기 쉽게 유지하는 데 도움이 될 것이다. 지금은 이번 장의 끝에 있는 모든 변수명과 그 내용의 목록을 참조하면 된다.

## ▌기본적인 이상치 탐지 및 제거

이상치(아웃라이어<sup>outlier</sup>) 탐지는 독자적인 연구 분야며 특정 데이터셋에 적합하지 않은 데이터를 탐지한다. 고급 이상치 탐지 기술은 데이터 조작의 일부로 볼 수도 있지만, 종종 통계와 머신 러닝 같은 다른 분야에서 도출된다. 이 책의 목적을 위해 나는 매우 높은 값을 발견하기 위한 이상치 탐지의 매우 기본적인 형태를 알아볼 것이다. 너무 큰 값을 갖는 데이터를 집계하거나 잘못된 값으로 처리할 수 있다.

다음 몇 단계를 통해 R에 내장된 시각화 기능을 사용함으로써 데이터를 관찰하고 특히 매우 큰 값을 찾는다.

첫 번째 단계는 쉽게 시각화할 수 있는 형태로 데이터를 저장하는 것이다. 행 단위로 데이터 추세를 포착하는 간단한 기법은 각 데이터 항목에서 NA가 아닌 모든 값의 평균을 찾는 것이다. 이것은 R의 rowMeans( ) 함수를 사용해 구할 수 있다.

rowMeans( ) 함수를 사용하기 전에 숫자가 아닌 모든 변수(여기서는 region.name 열)를 제거해야 한다. 인덱스 앞에 - 기호를 사용해 하나를 제외한 모든 열을 인덱싱할 수 있다. 다음은 region.name 열이 없는 새로운 데이터프레임을 만든다.

```
roads.num <- roads[,-1]
```

roads.num 데이터프레임이 수치형 데이터만 갖고 있기 때문에 roads.num에서 num은 수치형<sup>numerical</sup>을 의미한다.

첫 번째 열을 제거하면 rowMeans 함수를 사용해 각 행의 평균값을 갖는 벡터를 만들 수 있다. sum( ) 함수와 마찬가지로 rowMeans( ) 함수는 함수가 NA 값을 무시하도록 하는 na.rm 인자를 갖고 있다. 다음은 각 행에 평균값이 있는 벡터를 반환한다.

```
roads.means <- rowMeans( roads.num , na.rm=TRUE )
```

데이터가 어떻게 분포돼 있는지 이해하려면 다음과 같이 hist ( ) 함수를 사용해 평균의 막대그래프를 그릴 수 있다.

```
hist(roads.means)
```

RStudio의 오른쪽 아래 모서리에서는 히스토그램이 왼쪽으로 기울어져 있어야 한다. 다음은 출력 화면을 나타낸다.

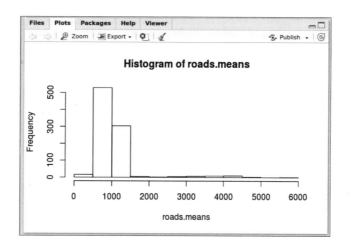

가로축 기준으로 가운데보다 오른쪽에 있는 분포들은 작은 값들을 갖고 있다. 제거해야 할 사항은 일반적으로 특정 프로젝트와 데이터의 컨텍스트를 기반으로 결정해야 한다.

하지만 이 특정 데이터셋에는 컨텍스트가 없다(무작위로 생성함). 일반적인 추세를 따르지 않는 데이터는 제거한다. 주 분포는 0에서부터 2000까지로 보이므로 평균이 2000보다 큰 모든 행을 제거한다.

평균이 2000보다 큰 행을 제거하려면, 다음과 같이 2000보다 작은 행 평균을 나타내는 논리 값으로 구성된 인덱스 벡터를 먼저 만들어야 한다.

```
roads.keep <- roads.means < 2000
```

마지막으로 이전 단계에서 구한 논리 벡터를 사용해 원래 도로의 데이터프레임을 인덱싱하는 데 사용할 수 있다. 다음은 평균이 2000보다 큰 모든 행을 제거한다.

```
## 2000보다 평균이 큰 항목을 제거한다
roads.keep <- roads.means < 2000
## 원본 데이터프레임에서 이상치를 제거한다
roads2<-roads[roads.keep,]
## 수치 roads 데이터프레임에서 이상치를 제거한다
roads.num2 <- roads.num[roads.keep,]
## 평균 벡터에서 이상치를 제거한다
## (나중에 사용할 것이다)
roads.means2 <- roads.means[roads.keep]
## 이상치를 제거한 평균을 시각화
hist(roads.means2)
```

필터링한 행 단위 평균 히스토그램을 시각화하면 정규 분포로 볼 수 있는 결과가 나온다.

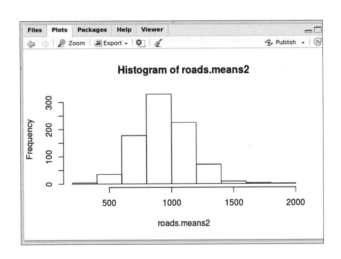

이상치를 제거했기 때문에 다음 단계는 결측치를 처리하는 것이다.

176

# ▌NA 값 처리

경우에 따라 데이터셋에 NA 값을 포함할 수 있지만, 많은 분석 유형에서 NA 값을 제거하거나 대체해야 한다. 도로 길이의 경우, NA 값을 매우 좋은 추측 값으로 대체하면 총 도로 길이의 더 나은 추정치를 구할 수 있다. 이어지는 하위 절에서는 NA 값을 처리하는 세 가지 방법을 살펴본다.

- 삭제
- 삽입
- 대체

## 결측치 제거

NA 값을 처리하는 가장 간단한 방법은 NA 값이나 NA 값을 나타내는 특정 숫자를 포함하는 항목을 삭제하는 것이다. NA 값을 갖는 항목을 제거할 때는 데이터의 정확성과 데이터의 완전성 간에 트레이드오프가 있다. NA 값이 포함된 데이터 항목에는 여러 가지 유용한 NA 값이 아닌 값들이 포함될 수 있고, 너무 많은 데이터 항목을 제거하면 더 이상 유용하지 않은 쪽으로 데이터셋이 축소될 수 있다.

이 데이터셋의 경우 모든 연도가 존재할 필요는 없다. 1년의 정보만으로도 12년 동안에 특정 지역의 도로 길이가 어느 정도인지 대략적으로 유추해볼 수 있다. 이 특정 응용프로그램에 대한 안전한 접근은 모든 값이 NA인 행을 제거하는 것이다.

모든 값이 NA인 행을 찾는 빠른 방법은 rowSums() 함수를 사용하는 것이다. rowSums() 함수는 각 행의 합계를 구하고 NA 값을 무시하는 인자를 받는다. 다음은 roads.num2 데이터프레임에서 NA가 아닌 값들의 합계를 구한다.

```
roads.num2.rowsums <- rowSums(roads.num2,na.rm=TRUE)
```

NA 값을 무시했기 때문에 행 합계의 결과 벡터에서 **0**은 모두 NA 값을 가진 행이거나 도로가 없는 지역 중 하나에 해당한다. 두 경우 모두 **0** 값은 중요하지 않으며 필터링해야 하는 행에 해당한다. 다음은 이런 행들을 모두 필터링하는 데 사용할 수 있는 인덱스를 만든다.

```
roads.keep3 <- roads.num2.rowsums > 0
```

r_intro.R의 다음 부분에서 **roads.keep3** 벡터는 모든 NA 값이나 도로가 0인 행을 필터링하는 데 사용한다.

```
roads3 <- roads2[roads.keep2,]
roads.num3 <- roads.num2[roads.keep2,]
roads.means3 <- roads.means3
```

다음으로 NA를 처리하는 또 다른 접근 방법인 값을 상수로 대체하는 방법에 대해 빠르게 살펴본다.

## 결측치를 상수로 대체

모든 NA 값을 상수로 바꾸는 것은 실제로 꽤 간단하다. 데이터프레임은 동일한 차원의 논리 값으로 구성된 다른 데이터프레임을 사용해 인덱싱할 수 있다. 다음은 roads3의 사본인 새로운 데이터프레임을 만들고 모든 NA 값을 0으로 대체한다.

```
roads.replace.na <- roads3
roads.replace.na[is.na(roads3)] <- 0
```

이번 장에서는 방금 만든 NA 값을 대체한 데이터프레임을 사용하지 않으며, 그것은 단지 데모 예제였다. 가능한 경우, NA 값을 처리하는 좀 더 효과적인 방법은 누락된 값을 기존 데이터를 기반으로 한 예측으로 대체하는 것이다.

## 결측치 대체

결측치에 대한 좋은 추측 값은 도로의 총길이가 많이 변하지 않기 때문에 동일한 행(특정 지역)에서 NA 값이 아닌 값들의 평균값이다.

다음 r_intro.R 부분에서는 2011년 NA 값에 해당하는 인덱스의 행 평균을 roads.means3 벡터에서 추출한다. 추출한 행 평균값을 NA 값에 해당하는 벡터인 roads.2011.3 벡터의 인덱스에 할당한다.

```
roads.2011.3 <- roads3$X2011
roads.2011.3[is.na(roads.2011.3)] <- roads.means3[is.na(roads.2011.3)]
print(sum(roads.2011.3))
```

이 결과는 2011년 현재 총 도로 길이를 훨씬 더 정확하게 예측할 수 있다. 또한 각 열에 대해 유사한 추정치를 얻을 수도 있다.

각 열에 대한 추정치를 얻는 작업을 위해 여러 가지 방법을 고려할 수 있다. 여기서 취할 접근 방식은 열 단위로 이동하면서 각 열의 NA 값을 해당 행의 해당 평균값으로 대체하는 것이다.

이 작업은 각 열에 함수를 적용하는 apply( ) 함수로 할 수 있다. apply( ) 함수를 사용하기 전에 각 열에 적용시킬 함수를 만들어야 한다. R의 함수는 파이썬의 함수와 비슷하게 동작하지만 문법이 다르다. 다음은 R 함수의 문법이다.

```
my.function <- function(<arguments>){
    <code block>
    return(result)
}
```

다음은 impute( )라는 함수로, 두 개의 인자, 즉 데이터프레임의 한 열인 벡터와 각 행의 대체 값을 갖고 있는 동일한 길이의 벡터를 사용한다. impute 함수는 NA 값을 해당 대체

값으로 대체한 원래 데이터프레임 열을 반환한다.

```
impute <- function(x,imputations) {
    x[is.na(x)] <- imputations[is.na(x)]
    return(x)
}
```

apply( ) 함수는 첫 번째 인자로 데이터프레임을 취하고 세 번째 인자로 함수를 취한다. apply( ) 함수의 두 번째 인자는 함수를 각 행에 적용시켜야 하는 경우 1이고, 함수가 각 열에 적용해야 하는 경우 2가 된다. 세 번째 인자 다음에는 apply( ) 함수에 대한 모든 추가 인자를 세 번째 인자에서 지정한 함수로 전달한다. apply( ) 함수는 행렬로 데이터 유형을 반환하기 때문에 data.frame( ) 함수를 사용해 결과를 다시 데이터프레임으로 변환해야 한다.

r_intro.R의 다음 부분에서 apply( ) 함수는 열 단위로 이동하면서 각 열에 impute 함수를 실행하고 대체된 값을 사용해 결과를 반환하는 데 사용된다.

```
## apply( ) 함수로 각 열에 impute 함수를 적용
roads.impute.na <- data.frame(
    apply(roads3,2,impute,imputations=roads.means3)
)
print(colSums(roads.impute.na))
```

결과 데이터프레임(roads.impute.na)은 이제 NA 값 대신에 대체한 값을 갖는 데이터프레임이다. colSums( ) 함수를 사용해 열 합계를 출력하면, 콘솔 출력의 각 연도에 대한 예상 총 도로 길이가 표시된다.

```
+    return(as.numeric(x))
+  }
> roads.impute.na <- data.frame(
+    apply(roads.num3,2,impute,imputations=roads.means3)
+  )
> colSums(roads.impute.na)
    X2011    X2010    X2009    X2008    X2007    X2006    X2005    X2004    X2003    X2002    X2001    X2000
808648.3 807977.9 805344.1 802956.2 801247.2 799160.9 797380.7 795128.1 793213.5 790691.5 788098.0 786618.5
> |
```

# ▌변수명과 내용

- roads: 원본 데이터가 있는 R 데이터프레임

- roads.2011: roads 데이터프레임 중 2011년에 해당하는 열

- not.na: 2011년 열에서 NA가 아닌 값을 갖는 논리 값 배열

- roads.2011.cleaned: NA 값을 제거한 roads 데이터프레임의 2011년 열

- total.2011: 2011년 값의 총합

- roads.num: 첫 열을 제외(수치 데이터만 포함)한 roads 데이터프레임

- roads.means: 각 행의 평균값을 갖는 벡터

- roads.keep: 2000 이하(이상치가 아닌) 행을 True로 표시한 논리 벡터

- roads2: 이상치를 제거한 roads 데이터프레임

- roads.num2: 첫 열과 이상치를 제거한 roads 데이터프레임(수치 데이터로만 구성함)

- roads.means2: 이상치를 제거했을 때의 평균 벡터

- roads.num2.rowsums: 이상치를 제거한 각 행 값들의 총합계(합계가 0인 것은 모든 값이 NA로 이뤄진 행임을 나타냄)

- roads.keep2: 적어도 하나가 NA가 아닌 행들을 인덱싱하는 데 사용한 논리 벡터

- roads3: 모든 값이 NA인 행과 이상치를 제거한 roads 데이터프레임

- roads.num3: 첫 열(수치 데이터 구성을 위함)과 모든 값이 NA인 행을 제거한 roads 데이터프레임

- roads.means3: 이상치와 모든 값이 NA인 행을 제거했을 때의 평균 벡터

- roads.replace.na: 이상치와 모든 값이 NA인 행을 제거하고 NA 값을 0으로 대체한 roads 데이터프레임
- impute: NA 값을 갖는 벡터와 길이가 동일하며 대체 값을 갖고 있는 벡터를 받아 NA를 대체한 원본 벡터를 반환하는 함수
- roads.impute.na: 이상치와 모든 값이 NA인 행을 제거하고 NA 값을 행 평균으로 대체한 roads 데이터프레임

# 요약

이 장에서는 R에 대해 간략히 소개하고 R 언어의 기능들을 매우 조금 다뤘다. R은 완전히 함수적인 프로그래밍 언어이므로 주어진 문제에 접근하는 데 몇 가지 방법이 존재한다. 외부 리소스의 '링크 및 추가 읽기'에서는 R 언어에 대해 좀 더 깊이 알아볼 수 있도록 링크를 제공하며, 외부 리소스는 https://goo.gl/8S58ra에서 확인할 수 있다.

다음 장에서는 R의 dplyr 패키지를 소개한다. dplyr 공식 문서에서는 dplyr을 '데이터 조작을 위한 문법'이라고 소개한다. dplyr 패키지는 여러 데이터 조작 연산을 깔끔하고 간결하게 표현하는 데 사용할 수 있다.

# 07

# dplyr을 이용한
# 데이터 처리 간소화

R과 pandas는 다른 많은 프로그래밍 언어보다 데이터 처리 과정을 더 쉽고 효과적으로 수행할 수 있게 한다. 가령 (열을 선택하는 작업과 같이) 반복문을 필요로 하는 많은 수의 순회 연산을 단 한 줄의 코드로 가능하게 해준다.

하지만 데이터 처리 과정에서는 여전히 간소화할 만한 부분이 남아있다. 이전 장에서 다룬 예제는 대부분의 연산 과정이 데이터를 필터링하고 탐색하는 과정에 사용됐다. 하지만 이와 같이 특정한 형식의 데이터 처리에 특화된 코드를 반복적으로 작성해 적용하는 접근 법은 대규모 데이터 처리에 적용하는 데 어려움이 따른다.

하나의 코드 시퀀스에서는 하나의 데이터 처리 기능을 반영하도록 구성하는 방법이 이상 적이다. R 프로그래밍 언어와 환경을 좀 더 표현력 높고 간결하며 깔끔하고 일관성 있게 구성할 수 있도록 다양한 패키지가 구성돼 있다. 그중 tidyverse라는 패키지 모음은 R 데이터 처리를 좀 더 쉽고 직관적으로 구성하기 위해 개발된 좋은 사례다.

tidyverse는 다음의 다섯 가지 패키지를 포함하며, 이번 장에서는 그중 두 가지를 다룬다.

- tibble은 R 데이터프레임을 개선한 기능을 포함한다. 출력을 좀 더 간결하게 할 수 있도록 구성했다.
- dplyr은 관련 문서에서 확인할 수 있는 것처럼 데이터 처리 문법이며, 데이터 처리 과정을 쉽고 직관적으로 진행할 수 있는 다양한 기능을 가지고 있다. dplyr이 사용하는 문법 구문은 이미 익숙할 것이다.

tidyverse는 유용한 패키지를 몇 개 더 포함하고 있지만 이 책에서는 다루지 않는다. tidyverse 패키지의 훌륭한 명세서는 https://www.tidyverse.org에서 확인할 수 있다.

이번 장에서는 dplyr 패키지의 기본 기능을 이용해 데이터를 조작하는 방법을 다뤄보자. 이번 장은 다음의 내용으로 구성돼 있다.

- 이번 장 살펴보기
- dplyr 소개
- dplyr 시작하기
- 명령어 체인 사용
- 데이터프레임의 행 필터링
- 항목별로 데이터 요약하기
- dplyr을 이용한 코드 재작성

## ▌이번 장 살펴보기

이전 장에서와 같이 모든 예제 코드는 R 스크립트 dplyr_intro.R을 이용해 진행한다. 이번 장은 두 개의 예제를 다루고 있다. 첫 번째 예제에서는 가솔린 가격에 따른 연비를 다루며, 두 번째 예제에서는 6장에서 다뤘던 몇 가지 작업을 dplyr을 이용해 재작성해본다.

이번 장의 완성된 예제 코드는 부록의 code 폴더에서 다운로드할 수 있다. 부록은 구글 드라이브 공유 폴더 https://goo.gl/8S58ra에 접속해 확인할 수 있다.

## 데이터

예제를 다루기 위해 세 종류의 데이터셋을 사용한다. 첫 번째 데이터는 자동차 모델별 연비로, 미국 환경부가 제공했다. 연비 데이터의 각 변수에 대한 설명은 참고 링크를 통해 제공되므로 각 변수의 의미를 확인해보길 바란다.

두 번째 데이터셋은 가솔린 가격이며, 미국 노동통계부에서 작성했다.

세 번째 데이터셋은 이전 장에서 사용했던 시뮬레이션용 도로 길이다. 이 데이터셋은 가상의 국가, 가상의 지역에 대한 총 도로 길이 데이터를 포함하고 있다.

세 가지 데이터셋은 모두 외부 리소스의 data 폴더에서 다운로드할 수 있다.

## 파일시스템 구성

이전 장과 마찬가지로, 이번 장에서도 ch7이라는 단일 프로젝트 폴더를 구성한 후 data라는 이름의 데이터 폴더만 생성하면 된다. 이번 장에서 사용하는 모든 데이터셋을 data 폴더에 복사해두자. R 스크립트는 R 실행 환경에서 생성돼 ch7 프로젝트 폴더에 저장된다.

## dplyr 및 tibble 패키지 설치

RStudio 콘솔에서 install.packages( ) 함수에 패키지 이름을 파라미터로 넣어 호출하면 R 패키지를 설치할 수 있다. dplyr과 tibble을 설치하려면 다음과 같이 입력한다.

```
> install.packages('dplyr')
> install.packages('tibble')
```

변경 사항이 있을 경우를 대비해 직접 설치하는 방법을 부록에 수록해뒀다.

# dplyr 소개

dplyr 문서 http://dplyr.tidyverse.org/에 따르면, dplyr은 일반적인 데이터 처리 과정을 쉽게 처리할 수 있도록 도와주는 데이터 처리 문법이며 다음의 주요 기능을 처리할 수 있다.

- mutate( ): 함수에 존재하는 변수에 새 변수 추가
- select( ): 특정 이름을 가진 변수 추출
- filter( ): 제약 조건을 만족하는 데이터 추출
- summarize( ): 여러 개의 값을 하나로 요약
- arrange( ): 행의 정렬 순서 변경
- group_by( ): 그룹화 연산 수행

위와 같은 동사verb는 dplyr의 함수로 볼 수 있다. 함수는 특정한 방식으로의 데이터 변형 작업 등과 같은 좀 더 일반적인 기능으로도 구성할 수 있다.

 이곳에서 언급된 함수 외에 merge, join과 같이 복수의 데이터 출처를 사용하는 기능도 존재하지만, 이 책에서는 다루지 않는다.

두 개의 예제를 통해 위 기능을 다뤄보자. 첫 번째 예제는 dplyr을 이용해 가솔린 가격과 유류비를 계산해보고, 최종적으로 가솔린 가격의 추세를 유류비와 비교하는 시각화 작업을 구성해본다.

# dplyr 시작하기

시작에 앞서 dplyr_intro.R이라는 이름의 R 스크립트를 구성하고 R 환경을 구축하자. 먼저 ch7 프로젝트 폴더를 작업 디렉터리로 지정하고 유류비 경제성 데이터를 https://catalog. data.gov/dataset/consumer-price-index-average-price-data의 데이터셋에서 조회해 데이터프레임으로 불러온다.

```
setwd("path/to/your/project/folder")
vehicles<-read.csv("data/vehicles.csv")
```

dplyr과 tibble 패키지를 임포트하자. R에서는 library( ) 함수를 이용해 패키지를 임포트할 수 있다. 다음과 같이 dplyr 패키지와 tibble 패키지를 임포트하자.

```
library('dplyr')
library('tibble')
```

select( ) 함수를 살펴보자. select( ) 함수는 데이터프레임에서 특정한 수의 행을 선택하고 그 데이터만으로 구성된 새로운 데이터프레임을 반환한다. select( ) 함수의 첫 번째 파라미터는 데이터프레임이고, 두 번째 파라미터는 앞의 데이터프레임에서 선택될 열의 이름이다. 함수의 반환 결과는 선택된 열만을 포함하는 데이터프레임이다.

 이곳에서 언급하지는 않았지만, dplyr은 열의 이름 또는 위치로 선택하는 함수를 구성할 수 있다. 이와 관련된 함수는 starts_with(), ends_with(), contains(), matches(), num_range() 등이 있다. 이 함수는 많은 수의 열을 포함하는 데이터셋을 처리할 때 유용하다. 관련된 자세한 정보는 http://dplyr.tidyverse.org/reference/select.html에서 확인해보길 바란다.

연비 데이터셋에서 select( ) 함수를 사용해 차종별 정보로 구성된 데이터프레임을 생성하자. 다음의 dplyr_intro.R은 select( ) 함수를 사용해 vehicles 데이터프레임으로부터

make, model, year 열을 선택select한다.

```
vehicles.product <- select(data,make,model,year)
print(Vehicles.product)
```

위 예제를 실행하면, 다음과 같은 차량 정보를 포함한 데이터프레임이 화면에 출력된다.

```
Console  ~/Documents/book/ch7/ch7/
                                                    D250 Pickup 2WD 1993
303            GMC                    Safari 2WD (passenger) 1985
304            Dodge                          D250 Pickup 2WD 1993
305            Jeep                        Comanche Pickup 4WD 1993
306            Jeep                        Comanche Pickup 4WD 1993
307            Jeep                        Comanche Pickup 4WD 1993
308            Jeep                        Comanche Pickup 4WD 1993
309            Ford                           F150 Pickup 2WD 1993
310            Ford                           F150 Pickup 2WD 1993
311            Ford                           F150 Pickup 2WD 1993
312            Ford                           F150 Pickup 2WD 1993
313            Ford                           F150 Pickup 2WD 1993
314            Toyota                                 Van 2WD 1985
315            Ford                           F150 Pickup 2WD 1993
316            Ford                           F150 Pickup 2WD 1993
317            Ford                           F150 Pickup 2WD 1993
318            Ford                           F250 Pickup 2WD 1993
319            Ford                           F250 Pickup 2WD 1993
320            Ford                           F250 Pickup 2WD 1993
321            Ford                           F250 Pickup 2WD 1993
322            Ford                           F250 Pickup 2WD 1993
323            Ford                           F250 Pickup 2WD 1993
324            Ford                           F250 Pickup 2WD 1993
325            Toyota                                 Van 2WD 1985
326            Ford                         Ranger Pickup 2WD 1993
327            Ford                         Ranger Pickup 2WD 1993
328            Ford                         Ranger Pickup 2WD 1993
329            Ford                         Ranger Pickup 2WD 1993
330            Ford                         Ranger Pickup 2WD 1993
331            Ford                         Ranger Pickup 2WD 1993
332            GMC                           Sierra 1500 2WD 1993
333            GMC                           Sierra 1500 2WD 1993
 [ reached getOption("max.print") -- omitted 38937 rows ]
> |
```

다음과 같이 tibble 객체를 이용하면 좀 더 깔끔한 출력 화면을 볼 수 있다.

```
## tibble로 동일한 작업을 해보기
vehicles.product.as.tibble <- as_tibble(
    select(vehicles,make,model,year)
)
print(vehicles.product.as.tibble)
```

tibble 버전의 데이터프레임을 출력하면 다음과 같이 좀 더 깔끔한 화면이 나타난다.

```
> print(vehicles.product.as.tibble)
# A tibble: 39,270 x 3
            make                    model  year
           <fctr>                  <fctr> <int>
 1 Alfa Romeo    Spider Veloce 2000       1985
 2     Ferrari            Testarossa       1985
 3       Dodge               Charger       1985
 4       Dodge B150/B250 Wagon 2WD         1985
 5      Subaru     Legacy AWD Turbo        1993
 6      Subaru                Loyale       1993
 7      Subaru                Loyale       1993
 8      Toyota               Corolla       1993
 9      Toyota               Corolla       1993
10      Toyota               Corolla       1993
# ... with 39,260 more rows
>
```

각 데이터 항목별로 차종 정보를 확인할 수 있으며, 행을 순서대로 정렬하기에 유용하다. 데이터를 손수 작업해야 하는 경우 데이터를 행별로 정렬해두면 도움이 된다.

arrange( ) 함수는 열을 기준으로 행을 정렬한다. 다음의 코드는 자동차 정보를 제조사별로 정렬한 후 차종별로 정렬하고, 마지막으로 연식별로 정렬한다.

---

```
vehicles.product.arranged <- as.tibble(
    arrange(vehicles.product,make,model,year)
)
print(vehicles.product.arranged)
```

---

다음과 같이 자동차 정보가 제조사, 모델, 연식에 따라 알파벳 순서로 정렬된 결과를 확인할 수 있다.

```
> print(vehicles.product.arranged)
# A tibble: 39,270 x 3
      make        model  year
   <fctr>       <fctr> <int>
 1  Acura 2.2CL/3.0CL  1997
 2  Acura 2.2CL/3.0CL  1997
 3  Acura 2.2CL/3.0CL  1997
 4  Acura 2.3CL/3.0CL  1998
 5  Acura 2.3CL/3.0CL  1998
 6  Acura 2.3CL/3.0CL  1998
 7  Acura 2.3CL/3.0CL  1999
 8  Acura 2.3CL/3.0CL  1999
 9  Acura 2.3CL/3.0CL  1999
10  Acura        2.5TL  1995
# ... with 39,260 more rows
```

지금까지 원본 연비 데이터에 두 가지 작업을 적용해봤다. 먼저 자동차 제품 정보와 관련된 항목을 추출했고, 추출된 데이터의 행을 제조사, 모델, 연식별로 정렬했다. 이 단계를 수행하기 위해서는 두 개의 코드 묶음과 두 개의 변수가 필요하다. 코드는 다음과 같다.

---

```
## 자동차 정보 선택
vehicles.product <- as_tibble(
    select(vehicles,make,model,year)
)
## 자동차 데이터를 행별로 정렬
vehicles.product.arranged <- as.tibble(
    arrange(vehicles.product,make,model,year)
)
```

---

이 과정은 가독성이 우수해 보이지만, 몇 개의 연속적인 처리 과정이 추가되면 코드의 가독성은 떨어질 수 있다. 이번에는 더 많은 양의 코드의 가독성을 높이기 위해 명령어 체인 문법을 사용해보자.

## ▌ 명령어 체인 사용

dplyr의 강력한 힘은 여러 개의 데이터 처리 명령어를 하나의 체인으로 묶을 수 있다는 점에 있다. %>% 기호는 명령어 체인을 형성하며, dplyr의 함수로 사용할 수 있다. 명령어 체인은 %>% 기호 앞에 오는 모든 표현식의 결과가 %>% 기호 다음에 오는 함수의 첫 번째 파라미터가 되는 방식으로 동작한다. 다음의 예제에서 %>% 기호를 사용해 선택 및 정렬 작업을 수행해보자.

```
vehicles.product.arranged <- as_tibble(
    vehicles %>% ## 원본 데이터 사용
    select(make,model,year,cylinders) %>% ## 열 선택
    arrange(make,model,year) ## 행 정렬
)
```

위 체인 명령어는 원본 데이터의 vehicles 데이터프레임을 사용한다. vehicles 데이터프레임은 %>% 기호 바로 앞에 있기 때문에 바로 뒤에 위치한 select( ) 함수의 파라미터가 된다. 따라서 select( ) 함수의 첫 번째 파라미터는 %>% 기호로 인해 처리되므로 별도로 명시하지 않아도 된다. select( ) 함수는 데이터프레임을 반환하고 arrange( ) 함수의 첫 번째 파라미터가 된다. arrange( ) 함수의 출력 값은 모든 연산을 처리한 결과를 반환한다.

이러한 방식으로 일련의 변환 과정을 좀 더 일관되게 구성할 수 있다. %>% 연산자를 이용해서 데이터 처리 과정을 조합하면 코드를 좀 더 쉽게 관리할 수 있으므로 더 긴 코드를 작성할 수 있게 된다.

dplyr의 또 다른 유용한 기능 중 하나는 데이터프레임의 행 자체 값을 필터로 사용하는 연산이다. dplyr의 filter( ) 함수를 살펴보자.

# 데이터프레임의 행 필터링

filter() 함수를 이용하면 행이 가진 값을 이용해 행을 필터링할 수 있다(이전 장에서 다뤘던 이상치와 NA 값 제거 필터링을 떠올려보자).

filter() 함수에서 첫 번째 파라미터 다음에 나오는 각각의 파라미터는 논리 연산이 참조하는 대상이다. 다시 말해, 각 파라미터는 일련의 논리 연산이 참이 되는지 검증한다.

필터링에 사용하는 논리 연산은 입력 데이터프레임의 열 이름으로 정의돼 있다. 다음은 filter() 함수의 파라미터로 사용할 수 있는 논리 연산 예시다.

- column.name > 6
- column.name == "abc"
- !is.na( column.name )

연비 데이터셋에 filter() 함수를 잘 적용하면 한 종류의 차종에 대한 데이터를 찾아낼 수 있다. 차종별로 연비 데이터에 차이가 있을 수 있으므로 한 종류의 모델에만 집중함으로써 좀 더 일관된 결과를 얻을 수 있다.

다음의 dply_intro.R은 filter() 함수를 이용해 원본 데이터로부터 Toyota Camry 모델에 대한 값을 추출해낸 결과다. 깔끔하게 출력하기 위해 제조사, 차종, 연식 열만 보이도록 설정했다.

```
## 토요타 캠리의 데이터만 추출
vehicles.camry <- as.tibble(
    car_data %>%
    filter(
        make == "Toyota",
        model=="Camry"
    ) %>%
    select(make,model,year)
)
```

```
print(vehicles.camry)
```

제조사가 Toyota고 모델명이 Camry로 필터링된 데이터만 항목 리스트 형태로 화면에 출력된다.

```
> print(vehicles.camry)
# A tibble: 125 x 3
      make   model   year
    <fctr>  <fctr>  <int>
 1  Toyota  Camry   1993
 2  Toyota  Camry   1993
 3  Toyota  Camry   1993
 4  Toyota  Camry   1993
 5  Toyota  Camry   1994
 6  Toyota  Camry   1994
 7  Toyota  Camry   1994
 8  Toyota  Camry   1995
 9  Toyota  Camry   1995
10  Toyota  Camry   1995
# ... with 115 more rows
>
```

놀라울 것도 없이, 데이터상에는 많은 수의 make(제조사), model(차종), year(연식) 항목이 존재한다. 자동차의 크기와 트림이 다르고 엔진 등에서도 차이가 있기 때문이다. 연식에 따라 연비가 어떻게 변하는지 일반적인 변화도를 확인하려면 Camry 차종의 연도별 연비에 대해 평균을 내는 방법을 사용할 수 있다. 이 방법은 배기량과 트림 등의 다양성을 반영하지 못하는 탓에 그다지 정확하지는 않지만, 일반적인 경향을 파악해 이러한 접근법이 쓸모 있는지 평가하기에는 적합하다.

group_by( )와 summarize( ) 함수를 이용해 데이터를 그룹으로 정렬한 새 데이터프레임을 만들자. 특히 group_by( )와 summarize( ) 함수를 함께 사용하면 다양한 종류의 Toyota Camry에 대한 연도별 연비 평균치를 측정할 수 있다.

## 항목별로 데이터 요약하기

summarize() 함수는 데이터프레임의 열 개수를 줄이는 요약 작업을 수행한다. summarize() 함수는 열 연산 함수의 결과로 새 변수를 생성하는 수식이다. 다음은 summarize() 함수의 파라미터가 될 수 있는 예시를 나타낸다.

- avg.column.1 = mean(column.1)
- sum.column.2 = sum(column.2)

group_by() 함수는 모든 명령어를 그룹별로 수행한다. group_by() 함수의 파라미터는 그룹으로 나뉘어야 할 열 이름이다. group_by() 함수가 summarize() 함수 앞에 있다면 요약 과정은 그룹별로 각각 수행된다.

group_by() 함수를 이해하기 위한 좋은 예시를 살펴보자. 다음의 dplyr_intro.R은 연비 데이터를 연식별로 묶은 후 barrels08의 평균값으로 요약한다. 또한 filter() 함수를 이용해 Toyota Camry 모델만 연산하도록 필터링한다.

 barrels08 열은 연간 연료 소모량을 나타낸다. 부록의 외부 링크 자료를 확인하면, 데이터셋 각 열에 대한 상세한 설명을 확인할 수 있다.

---

```
### 연도별 평균 연료 소모량 연산
camry.fuel_economy.by_year <- as_tibble(
    vehicles %>%
    group_by(year) %>%
    filter(
        make=="Toyota",
        model=="Camry"
    ) %>%
    summarize(
        avg.annual.consumption = mean(barrels08)
    )
```

```
)
print(camry.fuel_economy.by_year)
```

출력 값은 두 개의 열로 구성된 데이터프레임이다. 첫 번째 열은 year다. year 파라미터는 group_by( ) 함수로 전달돼 호출되며, 연도별로 summarize( ) 함수가 연산된 결과 값이다. 각 행은 별도의 연도 데이터를 나타낸다.

두 번째 열 avg.annual.consumption은 summarize( ) 함수의 출력 값으로, barrels08 열의 평균값을 avg.annual.consumption 변수에 저장한다. 각 행의 데이터는 하나의 연도를 의미하며, 해당 연도의 모든 barrels08 데이터 평균값을 가지고 있다.

다음은 camry.fuel_economy.by_year 데이터프레임을 출력한 결과다.

```
> print(camry.fuel_economy.by_year)
# A tibble: 35 x 2
    year avg.annual.consumption
   <int>                  <dbl>
1  1984               12.34269
2  1985               13.01336
3  1986               12.85699
4  1987               13.20553
5  1988               15.08234
6  1989               15.16997
7  1990               15.28812
8  1991               15.22018
9  1992               16.07121
10 1993               16.58439
# ... with 25 more rows
>
```

다음의 dplyr_intro.R에서 plot( ) 함수를 이용해 데이터를 시각화해봤다. type=1 파라미터는 plot( ) 함수에서 선을 그리도록 명령한다.

```
plot(camry.fuel_economy.by_year,type='l')
```

시각화된 데이터를 살펴보면 1985년부터 1995년까지는 연료 소모량이 증가하는 경향이 나타남을 알 수 있다. 하지만 1995년부터 현재까지는 연료 소모량이 감소하는 경향이 나타난다. 이러한 경향은 모든 토요타 캠리 변종들에 대한 평균치다.

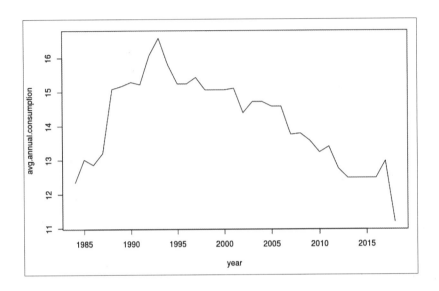

이제 같은 기간 동안의 캠리의 연비와 가솔린 가격(달러)을 비교해서 연관성이 있는지 살펴보자. 먼저 dplyr_intro.R 스크립트에서 gas_prices.csv 데이터셋을 R 데이터프레임에 불러오자.

```
gas_prices <- read.csv("data/gas_prices.csv")
```

다음으로, 연비 데이터와 동일한 기간 동안의 가솔린 가격을 불러오자. 데이터가 연도와 월별로 작성돼 있으므로 연도별 가격의 최댓값을 사용하더라도 경향성을 판단하는 데 큰 무리가 없을 것이다. 캠리의 연비 데이터는 1984년부터 시작하므로, 1984년부터 현재까지의 데이터를 필터 기능을 통해 추출하자. 다음의 dplyr_intro.R은 group_by( ) 함수, filter( ) 함수, summarize( ) 함수를 이용해서 연도별 가솔린 가격의 최댓값을 연산한다.

```
gas_prices.by_year <- as.tibble(
    gas_prices %>%
    group_by(year) %>%
    select(year,value) %>%
    filter(year>=1984) %>%
    summarize(
        max_price = max(value)
    )
)
```

year 열과 max_price 열로 구성된 데이터프레임 형식의 결과가 반환된다.

```
> print(gas_prices.by_year)
# A tibble: 34 x 2
     year max_price
    <int>     <dbl>
 1  1984     1.526
 2  1985     1.471
 3  1986     1.468
 4  1987     1.302
 5  1988     1.317
 6  1989     1.411
 7  1990     1.734
 8  1991     1.638
 9  1992     1.511
10  1993     1.498
# ... with 24 more rows
>
```

이제 gas_prices.by_year 데이터프레임을 선 모양의 그래프를 이용해 연비와 같은 방법
으로 시각화해보자.

```
plot(gas_prices.by_year,type='l')
```

가솔린 가격은 1995년부터 상승하는 추세를 나타낸다. 대략적으로 이 시기부터 토요타 캠
리의 연료 소모량은 감소하는 추세를 보였다.

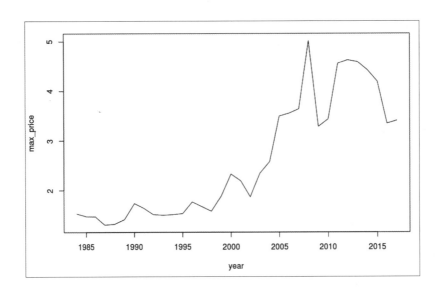

하지만 이러한 접근법은 연비 데이터에 차종별 판매량이 반영되지 않았으며 상관관계가 원인 관계를 의미하지는 않으므로, 실제로는 중요한 발견이라 보기 어렵다. 하지만 위의 예제를 통해 dplyr이 데이터셋을 손쉽게 다룰 수 있도록 해서 통찰력을 얻을 수 있게 돕는다는 점은 잘 알 수 있었다. dplyr 패키지는 과도한 연산 절차를 쉽게 처리할 수 있도록 하며, 쉽게 읽고 쓸 수 있는 편리한 언어로 작성돼 있다는 장점이 있다.

이제 좀 더 간결하고 가독성 높은 코드를 사용해 이전 장에서 다뤘던 예제를 바탕으로 2011년 총 도로 길이를 예측해보자. 다음 절에서는 dplyr 라이브러리를 사용해서 이전 장에서 다뤘던 프로젝트를 다시 살펴본다.

## ▌ dplyr을 이용한 코드 재작성

이전 장에서 R을 이용해 2011년도의 총 도로 길이를 측정해봤다. 이번 장에서는 dplyr을 이용해 이전 장에서 다룬 내용을 dplyr 동사verb를 이용해 다시 작성해본다.

- 평균값이 2000보다 큰 행을 제거filter out한다.

- 모든 값이 NA로 구성된 행을 제거한다.
- NA 값이 행의 평균값으로 치환된 복사본을 생성하기 위해 2011년 열을 복제 <sup>mutate</sup>한다.
- 생성된 2011년 열을 선택<sup>select</sup>하고 각 값의 합계를 구한다.

dplyr_intro.R의 앞 단에서 artificial_roads_by_region.csv 파일을 R 데이터프레임으로 불러온다.

```
roads.lengths <- read.csv("data/artificial_roads_by_region.csv")
```

그다음 부분에서 원본 도로 길이 데이터의 사본인 roads.length2가 생성된다. 그리고 roads.length2 데이터프레임의 각 행의 평균과 합이 데이터프레임의 열로 추가된다. 생성된 열은 필터링 단계에서 사용한다.

```
roads.lengths2<-roads.lengths
roads.lengths2$mean_val <- rowMeans(
    roads.lengths[,-1],
    na.rm = TRUE
)
roads.lengths2$row_total<-rowSums(
    roads.lengths[,-1],
    na.rm=TRUE
)
```

dplyr의 함수를 이용해 모든 단계를 결합함으로써 2011년 도로 길이 추정치를 연산한다.

```
roads.2011.estimate <-
    roads.lengths2 %>%
        filter(
            mean_val<2000,
            row_total>0
```

```
    )%>%
    mutate(
        X2011.new=ifelse(
        is.na(X2011),
        mean_val,
        X2011
    )
    ) %>%
    select(
        X2011.new
    )
print(sum(roads.2011.estimate))
```

결과는 808648.3으로, 이전 장에서의 값과 동일하다.

## ▌요약

dplyr 패키지는 R 언어로 작성돼 데이터 처리 과정을 좀 더 강력하고 간결하게 수행할 수 있도록 한다. 이번 장에서는 2011년도의 총 도로 길이를 추정해봤으며, 이전 장과 동일한 결과를 얻고 좀 더 간결하면서 쉬운 방법으로 연산해봤다. 이를 통해 많은 수의 연산 단계와 변수명, 여러 가지 시간 소모적인 데이터 처리 방법에 소요되는 시간을 줄일 수 있었다.

이것으로 이 책의 두 번째 섹션이 끝났으며, 지금까지 데이터 논쟁data wrangling에서 좀 더 공식화된 접근법을 다뤘다. 이 책을 여기까지 읽었다면 데이터 처리 도구, 접근 방법, 기술에 대한 폭넓은 이해를 얻었을 것이다.

이 책의 나머지 부분에서는 데이터의 탐색 및 저장을 위한 고급 기술을 설명한다. 대용량 데이터 소스는 종종 API라고 하는 웹 인터페이스로 제공된다. 먼저 API를 이용해 데이터를 탐색하는 방법을 살펴본다.

또한 대용량 데이터는 종종 데이터베이스를 사용하면 좀 더 쉽게 다룰 수 있다. 9장, '대용량 데이터 처리'에서는 대용량 데이터를 빠르게 저장하고 탐색하는 방법을 설명한다.

# 08

# 웹에서 데이터 수집하기

정적 파일을 사용해 소량의 데이터를 저장하고 배포하는 것은 편리하다. 이는 파일의 크기가 작고 자체적으로 모든 내용을 담고 있으며 드물게 업데이트되는 경우 적합하다. 하지만 많은 데이터 소스는 지속적으로 업데이트되고 방대한 웹 애플리케이션이나 데이터 저장소의 일부다. 대형 데이터베이스에 데이터를 저장하는 위키피디아(Wikipedia)와 시클릭픽스(Seeclickfix) 같은 소스는 종종 사용자가 작은 데이터 선택 항목을 탐색할 수 있도록 API(애플리케이션 프로그래밍 인터페이스)를 통해 데이터를 사용할 수 있도록 한다. 실제로 앞 장에서 사용한 Seeclickfix와 Wikipedia 데이터셋은 API를 통해 가져왔다.

이번 장에서는 파이썬을 사용해 Seeclickfix API에서 데이터를 탐색하는 방법을 살펴본다. 이번 장은 다음 절로 구성된다.

- 이번 장 살펴보기

- API 소개
- API를 통해 파이썬으로 데이터 추출하기
- 결과 필터링을 위한 URL 파라미터 사용

## ▌ 이번 장 살펴보기

이번 장에서는 Seeclickfix API를 통해 Seeclickfix 데이터를 탐색하는 데 필요한 단계를 다룬다. 결과 데이터셋은 앞 장에서 사용한 데이터셋과 완전히 같지는 않지만 매우 유사하다. 이번 장에서는 두 개의 파이썬 프로그램을 다룬다. 첫 번째 get_recent_issues.py는 파이썬으로 Seeclickfix API에 접근해 데이터를 탐색하고 데이터를 JSON 파일로 출력하는 데 사용한다.

두 번째 스크립트인 get_scf_date_range.py는 2017년 1월 1일 발생한 이슈에 대한 보고서에서 데이터를 탐색하는 데 사용한다. get_scf_date_range.py 스크립트는 데이터를 저장한 CSV 파일을 만든다.

이번 장은 다른 장들과 몇 가지 점에서 다르다. 첫째, 이번 장의 데이터는 인터넷을 통해 탐색하는 예제 중 하나이므로 예제에 사용하는 입력 데이터 파일이 없다.

둘째, API가 나중에 변경될 수 있으므로 이번 장을 온라인에서 접근할 수 있게 만들어 필요한 경우 업데이트할 수 있도록 했다. 이번 장의 온라인 버전 주소는 외부 리소스의 '링크 및 추가 읽기' 문서에서 확인할 수 있다.

이 책의 모든 외부 리소스는 https://goo.gl/8S58ra에서 확인할 수 있다.

### 파일시스템 설정

이번 장의 경우, 입력 데이터는 없고 출력 데이터 파일만 있다. 이번 장에서는 출력 데이터를 저장할 output_data 폴더가 포함된 프로젝트 폴더를 만들어야 한다. 여기서 사용할 설정은 다음과 같다.

```
chapter8/
-->get_recent_issues.py
-->get_scf_date_range.py
---->output_data/
```

## requests 모듈 설치

이번 장에서는 파이썬 requests 모듈이 필요하다. requests 모듈의 설치 방법을 알고 싶다면 외부 리소스에 있는 '설치' 문서를 참고하길 바란다.

## 인터넷 연결

이번 장과 다른 장의 차이점은 이번 장에서 사용하는 파이썬 스크립트가 인터넷을 통해 데이터를 탐색한다는 데 있다. 파이썬 스크립트가 제대로 작동하려면 실행하는 동안 안정적인 인터넷 연결이 필요하다.

# ▍ API 소개

웹을 이용한 대부분의 통신은 클라이언트<sup>client</sup>와 서버<sup>server</sup> 간에 데이터를 교환하기 위한 요청/응답 프로토콜 집합을 지정하는 http 프로토콜을 사용한다. 종종 웹 브라우저인 클라이언트는 서버로 데이터 요청을 전송하고, 서버는 응답을 전송한다. 일반적으로 응답은 HTML 웹 페이지다. 하지만 응답은 일부 텍스트 형식의 데이터가 될 수도 있다.

가장 많이 사용되는 요청 유형은 get 요청과 post 요청이다. 이번 장에서는 get 요청을 설명하고 API를 통해 데이터를 탐색하는 데 사용한다. get 요청은 서버에서 데이터를 요청하는 방법이다.

API는 http 요청을 사용해 데이터를 탐색하는 데 필요한 URL과 변수 집합을 지정한다. https://Seeclickfix.com/api/v2에 Seeclickfix API가 있다.

웹 브라우저에서 Seeclickfix API URL이나 다른 웹사이트로 이동하면 웹 브라우저는 URL에 get 요청을 전송한다. get 요청이 성공하면 웹 브라우저는 대개 웹 페이지인 응답을 보여준다. API의 기본 URL$^{base\ URL}$로 이동하면, 그 결과는 웹 페이지가 아니라 JSON 데이터의 집합임을 알 수 있다.

이 JSON 데이터는 그다지 중요하지 않지만 서버의 응답이 JSON 형식임을 유의해야 한다. 이 점이 API를 통해 데이터를 쉽게 탐색하고 처리하는 데 도움을 준다.

API로 실제 데이터를 탐색하려면 좀 더 구체적이어야 한다. Seeclickfix API는 리소스 단위로 나뉜다. Seeclickfix API에는 이슈 보고서에 대한 데이터 외에도 지리적 영역과 플랫폼 사용자에 관한 데이터가 있다. 내가 이에 대해 알고 있는 이유는 Seeclickfix API가 다른 대부분의 API와 마찬가지로 문서를 제공하기 때문이다. 이 문서에는 API와 그 사용법이 자세히 설명돼 있다. Seeclickfix API 문서 웹사이트는 http://dev.seeclickfix.com/에서 확인할 수 있다.

기본 문서 페이지의 오른쪽에는 이슈에 대한 섹션을 비롯해 문서의 좀 더 구체적인 섹션을 나열한 패널이 있다.

Seeclickfix API와 기타 API에 대한 문서를 확인해 설정 방법을 이해하면 도움이 된다. 지금은 찾고 있는 리소스인 이슈 페이지로 바로 넘어가겠다. 그럼 http://dev.seeclickfix.com/v2/issues/ 페이지로 이동하게 되고, 페이지 상단에 이슈 보고서를 나열하는 URL이 보인다.

앞 예제는 URL에 get 요청을 전송하면 이슈 목록을 반환한다는 의미다. 브라우저에서 URL로 이동하면 브라우저가 해당 URL의 서버에 get 요청을 전송한다. URL을 테스트하려면 브라우저에서 https://seeclickfix.com/api/v2/issues로 이동하라. 그러면 이슈 목록을 포함한 JSON 데이터 집합을 확인할 수 있다.

← → C ⌂ | 🔒 Secure | https://seeclickfix.com/api/v2/issues

{"metadata":{"pagination":{"entries":443532,"page":1,"per_page":20,"pages":22177,"next
page=2","previous_page":null,"previous_page_url":null}},"issues":[{"id":3847850,"statu
operate early in the mornings of weekends causing nuisance to the neighborhood. Please
in weekends.","rating":1,"lat":40.7133505251267,"lng":-74.0351940064698,"address":"Lib
11-04T06:49:39-04:00","acknowledged_at":null,"closed_at":null,"reopened_at":null,"upda
04:00","shortened_url":null,"url":"https://seeclickfix.com/api/v2/issues/3847850","poi
[-74.03519400646978,40.713335052512671]},"html_url":"https://seeclickfix.com/issues/384
Collection","organization":"City of Jersey
City","url":"https://seeclickfix.com/api/v2/request_types/16281","related_issues_url":
lat=40.7133505251267&lng=-74.0351940064698&request_types=16281&sort=distance"},"commer
:"https://seeclickfix.com/api/v2/issues/3847850/flag","transitions":{"close_url":"http
{"id":1488079,"name":"Stefano","witty_title":"Civic Crusader","avatar":{"full":"https:
5e06fcc664c6376bbf654cbd67df857ff81918c5f5c6a2345226093147382de9.png","square_100x100"
5e06fcc664c6376bbf654cbd67df857ff81918c5f5c6a2345226093147382de9.png"},"role":"Registe
{"video_url":null,"image_full":null,"image_square_100x100":null,"representative_image_
f6b4bb46a308421d38fc042b1a74691fe7778de981d59493fa89297f6caa86a1.png"}},{"id":3847804,
is a large crack on the side of the cart.  Items cannot come out, but water/bugs can p
","rating":1,"lat":35.0623003,"lng":-78.9127579,"address":"212 Woodrow Street Fayettev
04:00","acknowledged_at":"2017-11-04T06:28:04-04:00","closed_at":null,"reopened_at":nu
04:00","shortened_url":null,"url":"https://seeclickfix.com/api/v2/issues/3847804","poi
[-78.9127579,35.0623003]},"html_url":"https://seeclickfix.com/issues/3847804","request
- Service Request","url":"https://seeclickfix.com/api/v2/request_types/7589","related_
lat=35.0623003&lng=-78.9127579&request_types=7589&sort=distance"},"comment_url":"https
clickfix.com/api/v2/issues/3847804/flag","transitions":{},"reporter":{"id":0,"name":"A
{"full":"https://seeclickfix.com/anonymous-avatar-150x150.png","square_100x100":"https
127a80e459a3fd9874ad8556fb9140ffa2f046dec0dbebe1ff67e922098c8c02.png"},"role":"Registe
{"video_url":null,"image_full":null,"image_square_100x100":null,"representative_image_
f2af6312d3b7cdc128b1c472da1e696af6827f90d98d4aedb5eb55d9f575537f.png"}},{"id":3847803,
Property","description":"Dead baby deer. If your coming from McGinnis Ferry it's Just
right side of the road. ","rating":1,"lat":34.0457402859076,"lng":-84.1418908461992,"a
04:00","acknowledged_at":null,"closed_at":null,"reopened_at":null,"updated_at":"2017-1
04:00","shortened_url":null,"url":"https://seeclickfix.com/api/v2/issues/3847803","poi
[-84.1418908461992,34.04574028590761]},"html_url":"https://seeclickfix.com/issues/3847
Property","organization":"City of Johns
Creek","url":"https://seeclickfix.com/api/v2/request_types/6815","related_issues_url":
lat=34.0457402859076&lng=-84.1418908461992&request_types=6815&sort=distance"},"comment
"https://seeclickfix.com/api/v2/issues/3847803/flag","transitions":{"close_url":"https
{"id":1486790,"name":"Kathy","witty_title":"Civic Pride","avatar":
{"full":"https://seeclickfix.com/files/user_images/0003/3782/IMG_2630.JPG","square_100
.JPG"},"role":"Registered User","civic_points":250},"media":
{"video_url":null,"image_full":null,"image_square_100x100":null,"representative_image_
f440c460c081633aa0c37615138587a0c1e11381e099cd48e0bc92c0babfe984.png"}},{"id":3847802,
4mins early than app showed\n\n--------------------\nservice_date=11-04-2017;\nagency

대부분의 브라우저에서 데이터를 복사하고 붙여넣기함으로써 JSON 파일에 넣을 수 있고, 페이지를 바로 JSON 파일로 직접 저장할 수도 있다. 다음 절에서는 파이썬을 사용해 API를 통해 데이터를 탐색하고 데이터를 JSON 파일에 저장하는 방법을 알아본다. 궁극적으로 파이썬을 활용해서 사용자가 원하는 데이터를 어떻게 선택하고 탐색할 수 있는지 살펴볼 것이다.

# ▌ API를 통해 파이썬으로 데이터 추출하기

첫 단계는 requests 모듈을 가져오는 것이다. API로 가져온 데이터를 JSON 파일로 출력하는 데 사용하는 json 모듈도 가져온다. get_recent_issues.py 파일의 시작 부분에서 다음 코드는 requests와 json 모듈을 가져온다.

```
import requests
import json
```

다음 단계는 기본 URL이라는 문자열을 만드는 것이다. 기본 URL은 URL의 시작 부분으로 추가적인 파라미터를 가질 수 있다. 지금은 기본 URL만으로도 충분하지만, 다음 절에서는 반복적으로 데이터를 얻기 위해 기본 URL에다가 추가한다. get_recent_issues.py의 다음 부분에서 Seeclickfix API의 issues 리소스에 대한 기본 URL을 담는 문자열을 생성한다.

```
import requests
import json

## api에 접근하도록 기본 URL을 설정한다
## 이 스크립트만 있으면 충분하다
base_url = "https://seeclickfix.com/api/v2/issues?"
```

다음 단계는 브라우저의 동작을 복제하는 것이다. 즉, URL에 get 요청을 전송하고 응답을 저장하는 것이다. 이 작업은 request 모듈의 requests.get() 함수를 사용해 만들 수 있다. 이 함수는 URL 문자열을 파라미터로 받은 후 서버의 응답 정보를 담아 응답 객체로 반환한다. get_recent_issues.py 다음 부분에서 requests 모듈은 기본 URL에 get 요청을 전송하는 데 사용된다.

```
….
base_url = https://seeclickfix.com/api/v2/issues?

## get 요청을 URL에 전송하고
## respose 객체에 응답을 수집한다
response = requests.get(base_url)
```

http 응답에는 주 콘텐츠 외에 추가 정보가 들어있다. requests 모듈은 응답에 포함된 다양한 구성 요소로 파싱한다. 이 특정 응답의 내용은 JSON 형식이기 때문에 응답 객체의 response.json( ) 함수를 사용해 JSON 텍스트를 추출하고 이 텍스트를 파이썬 데이터 구조로 파싱할 수 있다.

지금은 간단히 결과를 파일로 저장하지만, 응답에 있는 데이터를 살펴보면 도움이 될 것이다. get_recent_issues.py 다음 부분에서 response.json( ) 메소드를 사용해 응답 본문을 추출한 후 JSON 파일에 저장한다.

```
response = requests.get(base_url)

## json 모듈을 사용해 API에서 오는 응답 데이터를
## JSON 파일에 기록한다
fout = open("output_data/scf_recent_issues.json","w")
json.dump(response.json(),fout,indent=4)
fout.close()
```

이제 get_recent_issues.py를 실행해 Seeclickfix 플랫폼에 보고된 가장 최근 열 가지 이슈를 포함하는 출력 JSON 파일을 만든다.

이 예제는 파이썬으로 데이터를 얻는 방법을 다루지만, 파이썬에서 제공하는 프로그래밍 인터페이스를 사용하지 않는다. 다음 절에서는 URL 파라미터를 사용해 더 방대하고 상세한 데이터 컬렉션을 탐색하는 방법을 다룬다.

## ▌결과 필터링을 위한 URL 파라미터 사용

이 절에서는 Seeclickfix API를 통해 2017년 첫날에 발생한 모든 이슈에 대한 보고서를 검색한다. 먼저 get_scf_date_range.py라는 새 파일을 만들고 requests 모듈과 csv 모듈을 다음과 같이 가져온다.

```
import requests
import csv
```

목표는 2017년 첫날에 발생한 모든 이슈에 대한 보고서를 수집하고 그 결과를 CSV 파일에 저장하는 것이다. 이 작업은 URL 파라미터를 사용해야 한다. URL 파라미터는 사용자 정의 값으로 get 요청을 더 자세히 구성하기 위해 URL의 뒷부분에 추가되는 값이다.

이슈 리소스에 대한 Seeclickfix API 문서에는 사용할 수 있는 몇 가지 URL 파라미터가 나와 있다. Seeclickfix API 문서(http://dev.seeclickfix.com/v2/issues/)를 살펴보면, 세 가지 파라미터를 확인할 수 있다. 그중에서 처음 두 개는 after 및 before 파라미터다.

- **after=** `:time` - must be a timestamp in ISO 8601 format: YYYY-MM-DDTHH:MM:SSZ
- **before=** `:time` - must be a timestamp in ISO 8601 format: YYYY-MM-DDTHH:MM:SSZ

이 파라미터는 결과가 2017년 1월 1일 이후고 2017년 1월 2일 이전이어야 함을 지정하는 데 사용할 수 있다. URL 파라미터는 다음 형식을 사용해 기본 URL 다음에 지정한다.

```
<url>?<parameter1>=<value1>&<parameter2>=<value2>
```

get_scf_date_range.py의 다음 부분에서는 URL 파라미터를 URL 문자열에 추가해 2017년 1월 1일의 데이터만 포함하도록 결과를 제한한다.

```
import requests
import csv
url = "https://seeclickfix.com/api/v2/issues?"
```

```
## 2017년 1월 이후의 결과만 포함하도록 제한
url+="after=2017-01-01T00:00:00"
## 2017년 2월 이전의 결과만 포함하도록 제한
url+="&before=2017-01-02T00:00:00"
```

사용할 세 번째 파라미터는 page 파라미터다.

> • **page**=`:page_number` - number of the page to return, default: 1

다음 get_scf_date_range.py에서 page 파라미터를 사용해 첫 결과 외의 데이터를 가져올 수 있으며, URL 문자열에 page 파라미터를 추가했지만 우선은 비워뒀다.

```
....
url+="&before=2017-01-02T00:00:00"

## page 파라미터를 동적으로 변경하기 위해 우선 비워둠
url+="&page="
```

page 파라미터에 대해 단 하나의 페이지를 지정하기보다는 다음에 나올 페이지 번호로 지정한 반복 get 요청을 여러 번 작성하는 전략을 사용한다. 이 방법을 사용하면, 한 데이터가 아닌 여러 페이지의 데이터를 가져올 수 있다.

get 요청을 하기 전에 출력 파일을 만들고 추출할 데이터 변수를 지정하는 초기 설정을 한다. get_scf_date_range.py의 다음 부분에서 열 헤더 배열이 생성된다. 이런 열 헤더는 API로 탐색한 원시 데이터에서 필요한 데이터 변수를 추출하는 키로도 사용된다. 그런 다음 새 출력 파일을 열고 writer 객체를 만드는 데 사용한다. 열 헤더는 출력 파일의 첫 번째 행에 기록한다.

```
....
url+="&page="
```

## 추출할 필드 이름 리스트를 생성한다
```
fields=["created_at","closed_at","summary","address"]
```

## 출력 파일을 열고 writer를 생성한다
## 열 헤더를 출력 파일에 기록한다
```
fout = open("output_data/scf_date_range_issues.csv","w")
writer=csv.writer(fout)
writer.writerow(fields)

fout.close()
```

다음 단계는 페이지마다 get 요청을 보내는 것이다. 이 과정을 구성하려면 get_scf_date_ range.py의 다음 부분에서 페이지 번호를 담고 있는 page라는 변수와 http 응답에서 추출한 데이터를 담는 data라는 변수를 먼저 만든다.

```
....
writer.writerow(fields)
```

## page와 data 변수 초기화
```
page=1
data=requests.get(base_url+str(page)).json()["issues"]

fout.close()
```

 다음 코드는 이 책에서 아직 다루지 않은 파이썬의 while 반복이 필요하다. while 반복은 for 반복과 같이 동작하지만 특정 조건을 만족할 때까지 계속 실행한다. 조건은 while 반복 절 헤더에 지정한다. while 반복은 다음 링크의 파이썬 문서에서 확인할 수 있다.

https://docs.python.org/3/reference/compound_stmts.html#while

다음 단계로 이어지는 get_scf_date_range.py는 페이지 번호를 계속 증가시키고 데이터
가 더 이상 없을 때까지 get 요청을 전송하는 while 반복을 만든다. 데이터가 있으면 각
데이터 항목들을 배열로 변환해 출력 CSV 파일에 기록한다.

```
....
data=requests.get(base_url+str(page)).json()["issues"]

## 데이터가 없을 때까지 페이지를 이동한다
while len(data)>0:
    ## 데이터가 있다면 데이터 개체마다
    ## 반복해 출력으로 결과를 기록한다
    for entry in data:
        row=[]
        for field in fields:
            row.append(entry[field]
        writer.writerow(row)

    ## 반복문의 매 반복마다
    ## 페이지 번호를 증가시켜
    ## 다음 페이지의 데이터를 얻는다
    page+=1
    data=requests.get(base_url+str(page)).json()["issues"]

fout.close()
```

이제 get_scf_date_range.py를 실행해 2017년 첫날에 해당하는 모든 이슈 보고서의 모
든 정보를 포함하는 CSV 데이터셋을 만든다.

| | A | B | |
|---|---|---|---|
| 1 | created_at | closed_at | summary |
| 2 | 2017-01-01T18:46:35-05:00 | | Post to neighbors |
| 3 | 2017-01-01T18:28:12-05:00 | | Illegal Dumping |
| 4 | 2017-01-01T18:07:41-05:00 | | Shoes on Wire |
| 5 | 2017-01-01T17:55:57-05:00 | | Street Light Repair |
| 6 | 2017-01-01T17:49:45-05:00 | | Illegal Dumping |
| 7 | 2017-01-01T17:49:36-05:00 | | Illegal Dumping |
| 8 | 2017-01-01T17:47:11-05:00 | | Bike Share Station Lo |
| 9 | 2017-01-01T17:41:06-05:00 | | Pile of scrap wood |
| 10 | 2017-01-01T17:38:38-05:00 | | Yard and/or Structure |
| 11 | 2017-01-01T17:11:32-05:00 | | Park Maintenance |
| 12 | 2017-01-01T16:59:20-05:00 | | Graffiti Removal |
| 13 | 2017-01-01T16:57:48-05:00 | | Yard and/or Structure |
| 14 | 2017-01-01T16:56:54-05:00 | | Graffiti Removal |
| 15 | 2017-01-01T16:52:33-05:00 | | Illegal Dumping |
| 16 | 2017-01-01T16:43:40-05:00 | | Sign Missing Investiga |
| 17 | 2017-01-01T16:30:10-05:00 | | Street and Sidewalk Is |
| 18 | 2017-01-01T16:22:27-05:00 | | Street and Sidewalk Is |
| 19 | 2017-01-01T16:18:46-05:00 | | Graffiti Removal |
| 20 | 2017-01-01T16:15:44-05:00 | | Manhole Cover Issue |
| 21 | 2017-01-01T16:15:23-05:00 | | Manhole Cover Issue |
| 22 | 2017-01-01T16:11:18-05:00 | | Street and Sidewalk Is |
| 23 | 2017-01-01T16:07:47-05:00 | | Signs / Bus Shelters / |
| 24 | 2017-01-01T16:01:29-05:00 | | Code Enforcement |
| 25 | 2017-01-01T15:59:07-05:00 | | Code Enforcement |
| 26 | 2017-01-01T15:56:43-05:00 | | Other: Drainage / Floo |
| 27 | 2017-01-01T15:39:08-05:00 | | Rear junk |

# 요약

지금까지 설명한 것처럼 API는 다른 방법으로는 얻지 못하는 데이터를 탐색하는 훌륭한 방법이다. 특히 파이썬과 같은 프로그래밍 언어로 작업할 때 API로 작업하면 광범위한 데이터셋에 접근할 수 있다. 이번 장에서는 특히 큰 데이터 소스에서 데이터를 탐색하는 방법을 다뤘다.

다음 장에서는 특히 큰 데이터 파일을 처리하는 방법을 살펴본다. 특정 크기보다 더 큰 데이터 파일을 처리할 때는 몇 가지 사항을 고려해야 한다. 다음 장(마지막 장)에서는 데이터 베이스를 사용해 대형 데이터셋을 저장하는 방법과 처리 과정 중에 메모리를 관리하는 방법을 설명한다.

# 09

# 대용량 데이터 처리

이 책에서 다루는 데이터 처리를 위한 접근법은 적은 양의 데이터를 다루는 데 적합하지만, 데이터셋이 특정 크기에 도달하면 다른 방법의 접근법이 필요할 수 있다. 매우 거대한 데이터셋은 데이터 마이닝 기술이 좀 더 적합할 수도 있다.

이번 장에서는 단일 컴퓨터로 처리할 수는 있지만 한 번에 모든 데이터를 메모리에 올릴 수 없는 규모의 데이터셋을 다루는 방법을 설명한다. 이를 위해 컴퓨터 메모리에 대해 논의하고, 데이터의 저장 수단으로 데이터베이스를 설명한다. 이번 장에서는 다음의 내용을 설명한다.

- 이번 장 살펴보기
- 컴퓨터 메모리 이해
- 데이터베이스 이해

- MongoDB 소개
- 파이썬에서 MongoDB 사용하기

## ▌ 이번 장 살펴보기

이번 장에서는 두 가지 예시를 다룬다. 첫 번째는 MongoDB 데이터베이스에 데이터를 삽입하고 갱신하는 방법을 다룬다. 이 과정은 별도의 코드가 필요하지는 않지만, 몇 가지 설치 단계가 필요하므로 이에 대해서도 설명한다.

두 번째 예제 process_large_data.py 스크립트는 파이썬에서 MongoDB를 사용하는 방법을 다룬다. 완성된 코드는 부록의 code 폴더에 수록했다.

모든 부록 자료는 https://goo.gl/8S58ra에서 다운로드할 수 있다.

### 시스템 요구 사항

예제를 실행하기 위해서는 최소 25GB의 디스크 공간이 필요하다. 만약 디스크 공간이 부족하다면 적은 양의 데이터셋으로 구성된 버전을 사용할 수도 있다. 이에 대해서는 다음 절에서 설명한다.

### 데이터

대용량 데이터셋을 다루기 위해 임의의 데이터셋을 생성했다. fake_weather_data.csv 파일은 1980년대부터의 가짜 날씨 데이터를 수록하고 있다. 이 데이터셋은 매우 큰 용량 (4GB)으로 구성돼 있기 때문에 데이터베이스에 데이터를 삽입하는 과정에서 더 많은 용량의 메모리를 사용할 수도 있다. 만약 디스크 공간이 부족하거나 데이터 처리 과정에서 기다리는 시간을 줄이고 싶다면, 작은 크기의 데이터셋 버전인 fake_weather_data_small. csv 파일을 사용하면 된다. 작은 크기의 데이터셋을 사용하는 경우에는 예제 코드에서의 파일명을 적절히 변경하길 바란다.

이번 장에서 사용하는 데이터는 부록의 data 폴더에 수록해뒀다.

## 파일시스템 설정

이번 장에서는 process_large_data.py 파이썬 예제 코드가 포함된 하나의 프로젝트 폴더를 사용한다. 또한 이 프로젝트 폴더에는 9장의 데이터셋을 포함한 data 폴더가 있어야 한다.

## MongoDB 설치

이번 장의 예제 코드를 실행하려면 MongoDB를 설치해야 한다. 데이터베이스와 서버를 모두 설치해야 하며, 예제 코드가 실행되는 컴퓨터에서 서버 인스턴스가 구동돼야 한다.

process_large_data.py 파일에서는 파이썬과 MongoDB를 연결해주는 pymongo 라이브러리를 설치해야 한다.

설치 링크와 가이드라인은 부록의 '설치' 문서를 통해 확인할 수 있다.

## 시간 계획

이번 장에서 다루는 예제를 실행하기 위해서는 많은 시간이 소모될 수 있다. 따라서 특정 작업이 완료될 때까지 다른 일을 할 준비를 해두면 좋다.

## 정리

대용량 데이터셋을 사용하면 시스템에서 많은 메모리(20GB 이상)를 사용하게 된다. 디스크 공간을 확보하려면 작업을 마친 후 데이터와 데이터베이스를 삭제하길 바란다. 또한

MongoDB 설치 방법에서는 작업을 완료한 후 MongoDB를 종료하는 방법에 대해서도 설명하고 있다.

## 컴퓨터 메모리 이해

대용량 데이터셋을 처리하는 데 새로운 접근 방법이 필요하다는 내용을 이해하기 위해 컴퓨터 메모리와 데이터베이스에 대해 간략히 논의해보자. 메모리와 데이터베이스의 동작 구조를 잘 알고 있다면 이 부분은 읽지 않고 넘어가도 된다.

컴퓨터 하드웨어에서 메모리는 데이터, 프로그램, 파일을 저장하는 매개체가 된다. 컴퓨터 메모리는 하드웨어적으로 RAM<sup>Random Access Memory</sup>이라 부르는 주기억 장치와 하드 드라이브(HDD, SSD 등)라 부르는 보조 기억 장치로 구성돼 있다. 주기억 장치는 머신 코드와 실행 중인 프로그램의 데이터를 저장하며, 보조 기억 장치는 사용 중이지 않은 프로그램의 데이터와 파일을 저장한다. 메모리 사용 과정에서의 이러한 구분은 하드웨어의 특징을 반영해 몇 가지 차이점을 나타낸다.

첫 번째 차이점은 RAM(주기억 장치)에 저장된 데이터는 컴퓨터가 종료되면 모두 삭제된다는 것이다. 반면 하드 드라이브(보조 기억 장치)에 저장된 자료는 컴퓨터가 종료되더라도 보존된다. 또 다른 차이점은 RAM에 저장된 데이터는 매우 빠른 속도로 접근하고 수정할 수 있는 반면, 보조 기억 장치에 저장된 데이터는 상대적으로 느리게 접근하고 수정할 수 있다는 것이다. 또한 RAM은 용량당 가격이 더 비싸다. 따라서 보조 기억 장치에 저장할 수 있는 데이터의 크기가 주기억 장치에 저장할 수 있는 용량보다 클 수 있다(하지만 클라우드 저장소를 사용하는 일부 컴퓨터는 그렇지 않을 수도 있다).

컴퓨터 프로그램이 실행되면 프로그램에서 사용하는 모든 데이터는 RAM에 상주한다. 데이터가 사용되지 않는 경우에는 하드 드라이브로 이동된다. 컴퓨터에서 사용할 수 있는 RAM은 제한돼 있으므로 한 번에 사용할 수 있는 데이터의 양도 제약돼 있기 때문이다. 대부분의 운영체제는 하나의 프로그램이 사용할 수 있는 메모리양에 제한을 두지 않기 때문에 너무 큰 데이터를 읽어오는 작업은 종종 컴퓨터를 멎게 만들 수 있다. 이러한 이유로 인해 한 번에 처리할 수 있는 데이터의 양은 제한될 수밖에 없다.

대부분의 운영체제는 RAM 사용량을 확인할 수 있는 환경을 제공한다. 다음은 메모리 관리자 예시다.

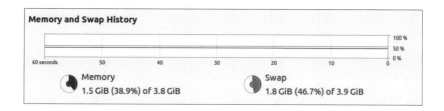

예시에서 사용한 컴퓨터는 매우 오래된 모델이며 4GB의 RAM이 장착돼 있다. 이 글을 쓰는 현재는 4GB를 16GB로 업그레이드해서 요즘 제품과 유사한 수준의 RAM으로 업그레이드해뒀다. 위 스크린샷을 찍을 당시의 컴퓨터 메모리 관리자는 전체 RAM 중 약 39%를 사용하고 있었다(몇 개의 브라우저 탭을 열어뒀다).

 스왑(Swap)을 나타내는 선은 RAM이 꽉 찰 경우를 대비해서 하드 드라이브에 할당된 추가적인 공간이다.

이번 장에서 사용할 데이터셋은 약 4GB의 크기로, RAM의 39%를 사용하지 않는 상태라 하더라도 모든 데이터를 읽을 수 있는 충분한 공간이 확보되지 않는다. 또한 데이터는 파일 형식일 때보다 프로그램에서 사용할 때 더 많은 메모리를 사용한다. 이는 텍스트 형태의 자료가 데이터 구조로 표현되기 때문이다.

프로그램이 어떻게 RAM을 꽉 채우도록 사용하는지 알아보기 위해 dont_do_this.py 프로그램을 작성해서 부록에 수록해뒀다. 이름에서 알 수 있듯이 이 프로그램을 실행하지 않길 바란다(또는 위험을 감수하고 실행해봐도 된다).

dont_do_this.py 프로그램은 한 줄씩 데이터를 읽은 후 각 행을 파이썬 리스트의 항목으로 추가한다. myData라는 이름의 파이썬 리스트는 작업이 완료되거나 컴퓨터에서 사용할 수 있는 RAM이 더 이상 남아있지 않을 때까지 길어지므로 컴퓨터가 작동을 멈출 수도 있다. 다음은 dont_do_this.py 프로그램이다.

---

```
## 이 프로그램은 컴퓨터를 멈추게 할 수 있음
## 이 코드는 예제를 위해 작성됐음
## 위험을 감수하고 프로그램을 실행하려면 열려 있는 모든 창을 먼저 닫아두길 바람
import csv
myData=[]

fin = open('data/fake_weather_data.csv','r',newline='')
reader = csv.reader(fin)
for row in reader:
    myData.append(row)
```

---

dont_do_this.py를 실행하면 파이썬 프로그램은 점점 더 많은 데이터를 수집하면서 RAM 사용량이 빠르게 증가한다. 예제 컴퓨터에서 약 1분간 프로그램을 실행한 후 스크린샷을 촬영해봤다.

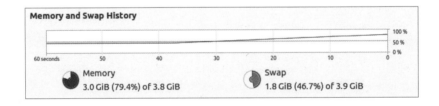

만약 프로그램이 계속 실행되도록 됐다면 1분 후에는 컴퓨터가 멈췄을 것이다. 프로그램 실행을 취소한 후에는 RAM 사용량이 급격히 낮아지면서 약 40% 수준까지 내려갔다.

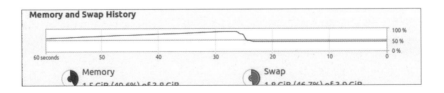

중요한 점은 데이터가 메모리를 사용하고 메모리의 총량은 한정돼 있다는 것이다. 대용량 데이터를 다룰 때는 전체 데이터 파일을 한 번에 읽는 대신, 컴퓨터의 모든 메모리를 사용하지 않도록 데이터셋을 한 줄씩 처리하는 방법이 바람직하다.

## ▋ 데이터베이스 이해

많은 양의 메모리를 사용하는 것 외에, 많은 양의 데이터를 처리할 때도 오랜 시간이 소모될 수 있다. 몇몇 경우에는 대용량 데이터셋을 하나의 입력 파일로부터 다른 출력 파일로 처리하는 방법을 사용할 수도 있다. 하지만 데이터 처리 과정은 종종 데이터 분석과 수정이 오가는 반복적인 작업이다. 파이썬 스크립트를 사용해서 대용량 데이터셋을 반복 순회하는 작업은 어려울 수 있다. 이 경우에는 데이터베이스 관리 시스템을 사용하면 도움을 받을 수 있다.

데이터베이스를 간단히 말하면 조직화된 데이터의 모음이라 할 수 있다. 파일과 달리 데이터베이스는 일반적으로 구조적으로 구성돼 있으므로 각 문서(또는 데이터 항목의 단어)를 색인해 특정 문서나 문서의 그룹을 빠르게 탐색할 수 있도록 한다. 데이터베이스 관리 시스템은 데이터베이스와 함께 구동되는 소프트웨어로, 다음의 기능을 수행한다.

- 데이터를 데이터베이스에서 탐색
- 데이터베이스의 데이터 수정
- 데이터를 데이터베이스로 기록

데이터베이스 관리 시스템은 모든 데이터를 한 번에 메모리로 읽거나 별도의 프로그램을 작성하지 않아도 되는 데이터 분석 및 수정을 위한 언어를 정의한다. 데이터베이스 관리 시스템의 이러한 특성을 이용하면, 대규모 데이터셋 작업에서 훌륭한 도구로 사용할 수 있다. MongoDB라는 데이터베이스 관리 시스템을 소개하고 몇 가지 기본 기능을 살펴보자.

# MongoDB 소개

MongoDB는 NoSQL 데이터베이스로도 알려져 있다. NoSQL은 표 형식이 아닌 데이터 모델을 말하며, 표 형식의 데이터 구조를 가진 관계형 데이터베이스와 반대되는 개념이다. MongoDB의 데이터 구조는 키-값 쌍의 문서로 구성된 JSON이다.

MongoDB를 컴퓨터에 설치한 후, MongoDB 서버를 실행하자. 터미널 명령어 mongoimport를 이용해서 데이터베이스에 데이터를 임포트<sup>import</sup>하자. mongoimport 명령어는 데이터를 정적 파일로부터 불러온 후 파싱해 데이터베이스에 삽입하는 기능을 수행한다. mongoimport 문서는 https://docs.mongodb.com/manual/reference/program/mongoimport/에서 확인할 수 있다.

mongoimport 명령어를 사용하기 위한 몇 가지 파라미터를 알아보자. 먼저 입력 파일의 이름은 --file 파라미터로 지정한다. 이 명령어는 fake_weather_data.csv 파일이 존재하는 경로에서 실행해야 하며, 다음과 같이 사용한다.

```
$ mongoimport --file fake_weather_data.csv
```

입력 데이터를 CSV 파일로부터 불러오기 위해 --type csv 파라미터를 이용해 입력 데이터 형식을 CSV로 지정한다. 또한 --headerline 파라미터를 사용해서 CSV 파일의 첫 번째 줄이 필드 이름으로 사용되도록 설정하자.

MongoDB의 문서는 다음과 같은 두 단계로 구성돼 있다.

- MongoDB 내부의 컬렉션에 속한 MongoDB 문서
- database에 속한 MongoDB 컬렉션

즉 --database 파라미터로 데이터베이스 이름을 지정해줘야 하고, --collection 파라미터로 컬렉션 이름 또한 명시해야 한다. 예제에서 사용하는 데이터베이스 이름은 weather고 컬렉션 이름은 records다.

다음은 CSV 데이터를 MongoDB에 입력하는 완성된 명령어다. 이 작업은 완료되는 데 다소 시간이 걸릴 수 있으며, 컴퓨터의 성능에 따라 정도의 차이가 있다. 작업이 종료될 때까지 기다리길 바란다. 또한 임포트 작업을 마치기 위해서는 충분한 양의 하드 드라이브 용량(15GB 이상)을 확보해두면 좋다.

```
$ mongoimport --file fake_weather_data.csv --type csv --headerline --db weather
--collection records
```

임포트 작업이 끝나면, 데이터는 하드 드라이브상의 데이터베이스 파일로 저장돼 MongoDB 인터페이스로 통신할 수 있는 상태가 된다. MongoDB를 사용하기 위해서는 터미널에서 mongo 명령어를 입력하면 된다.

```
$ mongo
```

mongo 셸에서는 데이터베이스와 직접 통신할 수 있다. 먼저 사용할 데이터베이스를 선택하는 명령어를 사용해보자.

```
> use weather
```

데이터베이스를 선택한 후에는 records 컬렉션에 존재하는 문서의 개수를 세보자.

```
> db.records.count()
```

다음 명령어는 하나의 문서를 탐색해서 출력한다.

```
> db.records.findOne()
```

다음의 스크린샷은 mongo 셸에서 위 명령어를 실행한 결과다.

```
> use weather
switched to db weather
> db.records.count()
94608000
> db.records.findOne()
{
        "_id" : ObjectId("5a001e38b4b746a7889b644a"),
        "date" : "1980-01-01 00:00:00",
        "temperature" : 2.429978875842491,
        "is_cloudy" : 1,
        "is_sunny" : 0
}
>
```

MongoDB는 컬렉션 내부의 문서를 탐색하고 수정하는 강력한 언어다. 부록에 MongoDB 문서 링크가 수록돼 있으니 궁금한 점이 있다면 읽어보길 바란다. 이곳에서 모든 것을 설명하기는 어려우므로 여기서는 is_cloudy와 is_sunny 예제를 통해 정수형 데이터를 논리형 데이터로 변경하는 간단한 예제를 다뤄보자.

update() 함수를 이용하면, 하나의 컬렉션에 존재하는 여러 개의 문서를 동시에 수정할 수 있다. update() 함수의 첫 번째 파라미터는 수정돼야 할 데이터의 필터다. MongoDB의 명령어는 파이썬 딕셔너리와 유사하게 구성돼 있다. 가장 간단한 필터는 특정 필드가 특정 값을 가진 경우로, 다음과 같이 나타낼 수 있다.

{<필드명>:<값>}

is_sunny가 1의 값을 가진 모든 필드를 선택하려면 다음의 필터를 updateMany() 함수의 파라미터로 사용한다.

{ is_sunny : 1 }

update() 함수의 두 번째 파라미터는 수정이 발생할 위치를 나타낸다. 다음과 같은 구조를 따른다.

```
{ <update 연산자> : { <필드명> : <값> } }
```

새 값을 설정하는 update 연산자는 $set이다. 두 번째 파라미터는 다음과 같이 is_sunny 필드를 true로 설정하도록 명시한다.

```
{ $set : { is_sunny : true } }
```

update( ) 함수의 세 번째 파라미터는 연산이 하나의 문서가 아닌 여러 개의 문서에 적용돼야 함을 지정하는 update( ) 함수로 전달돼야 한다. 앞서 설명한 모든 명령어를 모으면 is_sunny 필드 값이 1인 경우, 그 값을 true로 변경시키는 명령어를 작성할 수 있다.

```
> db.records.update( { is_sunny : 1}, { $set : { is_sunny : true} }, { multi :
true } )
```

이 작업 또한 완료하는 데 시간이 걸린다. 이 작업이 끝나면 db.records.find( )를 실행해 is_sunny 값이 0 또는 true로 구성돼 있는지 확인해보자. 다음은 그 예시다.

```
2491, "is_cloudy" : 1, "is_sunny" : 0 }

136, "is_cloudy" : 0, "is_sunny" : 0 }
4306, "is_cloudy" : 1, "is_sunny" : true }
3997, "is_cloudy" : 1, "is_sunny" : true }
3853, "is_cloudy" : 1, "is_sunny" : true }
91754, "is_cloudy" : 0, "is_sunny" : 0 }
51694, "is_cloudy" : 0, "is_sunny" : true }
86484, "is_cloudy" : 0, "is_sunny" : true }
8906, "is_cloudy" : 1, "is_sunny" : true }
45535, "is_cloudy" : 1, "is_sunny" : 0 }
64791, "is_cloudy" : 1, "is_sunny" : 0 }
49577, "is_cloudy" : 0, "is_sunny" : true }
5621, "is_cloudy" : 0, "is_sunny" : true }
24433, "is_cloudy" : 1, "is_sunny" : true }
95258, "is_cloudy" : 0, "is_sunny" : true }
7857, "is_cloudy" : 1, "is_sunny" : 0 }
43853, "is_cloudy" : 1, "is_sunny" : true }
56436, "is_cloudy" : 0, "is_sunny" : true }
68617, "is_cloudy" : 0, "is_sunny" : 0 }
```

필요한 경우에는 위 작업을 조금 변형해서 `is_clody` 또는 `is_sunny` 필드의 0 값을 `false`로 바꿀 수도 있다. 하지만 이 작업은 필수적이지 않으며, 시간 또한 소요된다. 예제 코드와 개인적인 탐색 작업을 완료한 후에는 다음의 코드를 통해 데이터베이스에서 데이터를 제거하자.

```
> db.records.remove({})
```

MongoDB는 매우 강력하지만 프로그래밍 언어의 모든 기능을 가지고 있지는 않다. 이제 MongoDB와 파이썬을 연동해 사용하는 방법을 알아보자. 파이썬을 이용해 MongoDB로 데이터를 임포트하고 데이터베이스에 존재하는 데이터를 처리하는 방법을 다룬다.

## ▎ 파이썬에서 MongoDB 사용하기

파이썬에서 pymongo 모듈을 이용하면 MongoDB와 연결할 수 있다. process_large_data.py 파일을 생성하고 pymongo와 csv 모듈을 임포트하자. 예제 코드를 실행하려면 pymongo와 `MongoClient`가 필요하다.

```
import csv
import pymongo
from pymongo import MongoClient
```

`MongoClient`를 사용하면 데이터베이스 시스템과 쉽게 연결하고 연동할 수 있다. process_large_data.py는 문서를 데이터베이스에 입력하는 데 사용할 수 있는 `collection` 변수에 할당된 객체를 생성한다.

```
....
from pymongo import MongoClient
## MongoClient 객체를 생성해
```

226

```
## MongoDB에 연결하고 연동
client = MongoClient()

## 특정한 컬렉션과 통신할 수 있는 collection 생성
db = client.weather
collection = db["records2"]
```

데이터를 한 줄씩 읽고 각 행을 레코드로 해서 데이터베이스에 입력하자. CSV 모듈을 유용하게 사용할 수 있는 지점이다. 파이썬의 CSV 모듈은 한 번에 한 행씩 CSV 데이터를 읽지 않는다. 즉 CSV 모듈을 사용하면 전체 데이터셋을 메모리에 올리지 않고도 CSV 데이터셋을 처리할 수 있다.

process_large_data.py에서 CSV 리더를 생성한 후 데이터를 읽는 데 사용한다. 반복문을 순회할 때마다 컬렉션 객체의 insert_one() 함수를 사용해 컬렉션의 문서에 다음 번 행을 기록한다.

```
....
collection = db["records2"]
## 데이터를 한 줄씩 읽고 각 행을 문서로 해서 데이터베이스 컬렉션에 저장
fin = open("data/fake_weather_data.csv","r",newline="")
reader = csv.DictReader(fin)
for row in reader:
    collection.insert_one(row)

fin.close()
```

process_large_data.py를 실행하면 앞서 다룬 mongoimport를 이용한 방법과 동일한 결과를 볼 수 있다. 파이썬에서 데이터를 처리하는 방법을 사용하면 데이터를 임포트하는 과정에서 더 많은 제어권을 얻게 된다. 가령 데이터베이스에 데이터가 기록되기 전 단계에서도 is_sunny와 is_cloudy 값을 확인해 수정하도록 코드를 변경할 수 있다.

작업이 완료되면 다음의 명령어를 mongo 셸에서 실행해 데이터베이스를 제거하자.

```
> use weather
> db.records2.remove({})
```

MongoDB에 대해 궁금한 점이 있거나 더 큰 데이터 파일을 이용하고 싶다면 부록(https://goo.gl/8S58ra)의 '링크 및 추가 읽기' 자료를 참고하길 바란다.

# ▌ 요약

데이터셋이 점점 더 커져감에 따라 데이터 처리 과정에서 메모리를 어떻게 다뤄야 하고 어떤 방법으로 데이터를 이용해 손쉽게 작업하고 데이터를 탐색할지 판단하는 과정이 더욱 중요해지고 있다. 대용량 데이터 파일은 한 번에 메모리에 올리기보다는 항목별로 처리하는 방법이 유용하다. 자주 접근하는 데이터셋은 로컬 데이터베이스 인스턴스에 데이터를 저장해두고 탐색해 사용하면 유용할 것이다. 이것으로 실용적인 데이터 처리의 세 번째이자 마지막 부분을 마친다.

이 책에서는 표준적이거나 비표준적인 데이터 처리의 어려움을 실질적이면서도 효율적이고 효과적으로, 그리고 확신에 차서 처리할 수 있는 능력을 배양할 수 있도록 데이터 처리 방법의 광범위한 접근법을 다루기 위해 노력했다. 이제 데이터를 다뤄 필요한 결과를 얻는 데 사용할 수 있는 광범위하면서도 강력한 도구를 가지게 됐을 것이다.

이 책에서 모든 내용을 다루지는 않았다. 실제 데이터를 다루면서 다양한 데이터셋을 접하면 이 책에서 다뤘던 내용을 넘어서는 경우를 발견하게 될 것이다. 이러한 도전 과제를 해결하려면 끊임없이 학습해서 새 도구와 새로운 접근 방법을 익혀야 한다. 이 책은 학습을 지속하기 위한 탄탄한 출발점을 마련해줄 것이다. 데이터 처리 방법에 도전할 수 있는 새로운 감각을 갖길 바란다.

# 찾아보기

에이콘출판의 기틀을 마련하신 故 정완재 선생님 (1935-2004)

# 딥러닝 데이터 전처리 입문

파이썬과 R로 배우는 데이터 다루기

발  행 | 2018년 5월 24일

지은이 | 앨런 비소첵
옮긴이 | 김 창 엽 · 강 병 호

펴낸이 | 권 성 준
편집장 | 황 영 주
편  집 | 조 유 나
디자인 | 박 주 란

에이콘출판주식회사
서울특별시 양천구 국회대로 287 (목동)
전화 02-2653-7600, 팩스 02-2653-0433
www.acornpub.co.kr / editor@acornpub.co.kr

한국어판 ⓒ 에이콘출판주식회사, 2017, Printed in Korea.
ISBN  979-11-6175-158-0
ISBN  978-89-6077-210-6 (세트)
http://www.acornpub.co.kr/book/practical-data-wrangling

이 도서의 국립중앙도서관 출판시도서목록(CIP)은 서지정보유통지원시스템 홈페이지(http://seoji.nl.go.kr)와
국가자료공동목록시스템(http://www.nl.go.kr/kolisnet)에서 이용하실 수 있습니다.(CIP제어번호: CIP2018014931)

책값은 뒤표지에 있습니다.